브레인 매니지먼트

NOU MANAGEMENT NOU WO MIKATANISHITE DOKUJISEI TO SOUZOUSEI WO
HAKKI SURU HOUHOU by Sanae Akima

Copyright ⓒ Sanae Akima 2024
Korean translation copyright ⓒ2025 by RH Korea Co., Ltd.
All rights reserved.
Original Japanese language edition published by CrossMedia Publishing Inc.
Korean translation rights arranged with CrossMedia Publishing Inc.
through Lanka Creative Partners co., Ltd., Tokyo.

이 책의 한국어판 저작권은 Lanka Creative Partners를 통해
저작권자와 독점 계약한 ㈜알에이치코리아가 소유합니다.
저작권법에 의하여 한국 내에서 보호를 받는 저작물이므로 무단 전재 및 복제를 금합니다.

브레인 매니지먼트
BRAIN MANAGEMENT

무의식을
내 편으로 만드는

궁극의
뇌 사용법

아키마 사나에 지음
오시연 옮김

프롤로그

"이 상태로는 안 돼!"
"앞으로 살아남기 위해선 변화가 필요해!"
"예전 방식이 더는 통하지 않는데, 이제 어떻게 해야 하지?"
"왜 나만 진심으로 변화를 원하고 있는 걸까?"

오늘날 우리는 '지금까지'의 익숙함을 벗어나 '앞으로' 새로운 길을 모색해야 하는 중대한 전환점에 서 있다.

과거에는 매출, 주가, 조직의 규모, 브랜드 인지도 같은 수치가 기업의 존재 가치를 결정했지만 이제 그런 경쟁 방식은 힘을 잃고 있다. 학교 역시 성적, 학력, 모범생이라는 기준만을 강조하는 시스템에서 벗어나야 할 때에 이르렀다. 개인의 삶도 예외가 아니다. 좋은 학교, 좋은 직장, 안정적인 커리어라는 기존 공식은 더 이상 정답이 아니다.

그럼에도 우리는 여전히 '그렇다면 앞으로 어떻게 해야 할까?'라는 질문 앞에서 명확한 답을 찾지 못해 혼란스러워 한다.

'지금까지'의 연장선을 넘어 '앞으로'를 함께 만들어가기 위해서는 어떻게 해야 할까? 이 책에서는 20년 넘는 시행착오 끝에 도달한 우리의 퍼포먼스를 끌어내는 '브레인 매니지먼트Brain Management'라는 접근법을 소개한다.

여기서 말하는 '퍼포먼스Performance'란 단순한 성과가 아니다. 뷰카VUCA 시대에 존재감을 발휘하는 능력이다(뷰카에 대해서는 1장에서 자세히 설명하도록 한다). 무조건적인 노력이 아니라, 노력할수록 오히려 에너지가 솟아나고, 자신만의 열정의 원천에서 동력을 끌어내 독자성과 창의성을 발휘하는 상태를 의미한다. 이를 위해 우리는 누구에게나 존재하지만 아직 완전히 밝혀지지 않은, 무한한 가능성의 공간인 '뇌'에 주목한다. 뇌는 우리의 탐구심을 자극하고 스스로 '이 일은 내 일이다'라고 받아들일 수 있는 여백을 제공한다. 이 책은 단순한 과학적 지식을 전달하는 데 그치지 않는다. 새로운 개념을 생생한 이야기로 풀어내며 독자가 뷰카 시대를 살아가는 데 실질적인 지침이 되는 보조선 역할을 할 것이다.

'뇌brain'와 '매니지먼트management'라는 두 단어가 나란히 등장하면 사람들은 흔히 이런 기대를 품는다.

"최신 뇌과학 지식을 배울 수 있지 않을까?"
"효율적으로 생산성을 높이는 방법을 찾을 수 있지 않을까?"

"혹시 내 마음이나 다른 사람을 내 뜻대로 움직일 수 있게 되지 않을까?"

이처럼 '브레인 매니지먼트'라는 개념은 뇌를 조작하거나brainhack, 생산성과 효율성을 극대화해 개인과 조직의 퍼포먼스를 끌어올리는 비법을 알려줄 것만 같은 인상을 준다. 하지만 이 책이 추구하는 방향은 조금 다르다.

기존의 접근법이 더 이상 통하지 않는 현대 사회에서, 이 책은 '누구나 가지고 있지만 아직 완전히 밝혀지지 않은' 뇌라는 미지의 세계를 새로운 시각으로 바라본다.

나는 뇌과학자도 인지심리학자도 아니다. 사업 개발, 교육, 행정 등 다양한 분야에서 개인과 조직의 변화를 이끌어온 실천가이자 컨설턴트다. 지난 20여 년간 '앞으로의 시대를 향해 사람과 조직, 사회의 변화를 어떻게 만들어갈 것인가'라는 화두로 시행착오를 거듭했다. 이 책은 그 여정에서 도출된 접근법을 담았다.

나는 본래 누군가의 기대에 부응하려는 성향이 강하고, 무엇이든 열심히 하는 것이 특기였다. 학창시절, 세상을 더 나은 곳으로 만드는 방법을 찾고자 고향을 떠나 도쿄대에 입학했다. 그곳에서 국제협력에 대해 배우고 소셜비즈니스를 탐구하던 중 '지속 가능성sustainability'이라는 단어를 처음 접했다.

20여 년 전, 아직 SDGS Sustainable Development Goals(지속가능발전목표)

라는 용어조차 없던 시절이었지만, 나는 이것이야말로 '앞으로의 시대에 꼭 필요한 키워드'라고 직감했다. 그렇기에 곧바로 휴학을 하고 지속 가능성을 주제로 세계 각지에서 활동하는 젊은 실천가와 연구자를 모은 국제 학생 서밋과 일본 내 학생 단체가 모이는 서밋을 주최했다.

코로나19 팬데믹과 리먼브라더스 사태가 아직 발생하지 않았던 그 시절에는, 기존 사회가 크게 변하리라고 상상하기 어려웠다. '이대로는 안 된다!'는 위기감이나 '새로운 미래를 함께 만들자!'는 외침이 공허하게 울릴 뿐, 사회 전반에 변화의 필요성이 와닿지 않는 분위기였다. 그럼에도 '미래의 세상을 어떻게 함께 만들어갈 수 있을까?'라는 명제에 도전하고 싶어 대학원 졸업 후 곧바로 창업의 길을 선택했다.

취업이나 연구직이라는 안정적인 길 대신, 정답이 없고 미래가 보이지 않는 새로운 길을 개척하는 나날이었다. 그 과정에서 국내외 비즈니스는 물론, 행정, 비영리단체NPO, 교육, 의료 등 다양한 분야의 사람들과 수많은 과제들을 함께 경험할 수 있었다.

이 과정에서 '열심히 하는 것'만으로는 한계가 있다는 사실을 절실히 깨달았고, 심신이 무너지는 경험도 했다. 하지만 2017년 라토르슈La torche를 설립하고, 결혼과 출산을 겪으면서 '누구나 본연의 힘을 발휘해 다음 세대에 가치 있는 것을 전하는 것'의 중요성을 더욱 깊이 느끼게 되었다. 그리고 아프리카와 아시아 등 신흥국에서의 비즈니스 개발, 국내에서의 사회사업화 프로듀스 등 다양한 영역의 사람들과 협업하는 과정에서, 나는 한 가지 중요한 사실을 깨달았다.

그것은 '지금까지의 연장선상으로는 안 된다!'는 위기의식이 감도는 현장에는 놀라울 만큼 유사한 구조의 과제가 존재하는데, 그 과제는 '많은 사람이 자신이나 타인에 대해 무의식적인 시선을 던지고 있으며, 그것이 결과를 하늘과 땅만큼 극적으로 바꿔버린다'는 사실이었다.

- '어차피 나는(당신은) 안 돼'라며 자신이나 타인의 능력을 깎아내리는 행위.
- '이것도 없고, 저것도 없어'라며 '없는 것 찾기'나 이해하기 쉬운 문제에만 집착하는 행위.
- 뭔가 이상하다고 느끼면, 반사적으로 오답이나 오류로 단정하고 더 이상 생각을 멈추거나 때로는 없었던 일로 치부하는 행위.
- '모두와 맞춰야 해', '정확하게 잘해야 해'라며 자신의 개성과 주체성을 억누르고 소모하는 행위.

이 모든 것은 무심코 자신이나 주변에 던지는 시선에서 비롯된다. 사실 이는 우리의 의지나 의도를 넘어 뇌가 강력한 '무의식적 습관'을 자동으로 작동한 결과다. 그러나 이런 습관들은 어렵게 시작한 '앞으로'를 향한 모든 변화의 싹을 짓밟고 막 일어서려는 사람들의 의욕을 꺾어버린다. 이런 경험을 거치며 나는 '지금까지'의 연장선을 넘어 '앞으로'를 함께 만들어가기 위한 열쇠가 바로 이 '뇌의 습관'을 어떻게 다루느냐에 있다는 확신에 이르렀다.

뇌가 좋은 것이라 여겨 무의식적으로 작동하는 이 '폭주'를 관리하는 것은, 앞서 말한 단순히 개인의 생산성을 높이기 위한 '브레인 해킹' 기술이 아니다. 이것은 개인에서 조직, 사회에 이르기까지 '앞으로'를 함께 만들어가기 위한, ==뇌를 내 편으로 삼아 독자성과 창의성을 발휘하는 기술=='이다.

사람들은 무의식적으로 자기 뇌에 휘둘리며 살아간다. 왜 우리는 이런 상태에 빠질까? 그럴 때 어떤 부작용이 일어날까? 애초에 뇌를 내 편으로 만든다는 것은 어떤 상태일까? 뇌를 의식적으로 내 편으로 삼으려면 어떻게 해야 할까? 그리고 그것이 왜 '지금까지'의 연장선을 넘어 '앞으로'를 함께 만들어갈 열쇠가 될까? 이런 질문 하나하나를 응축해 이 책에 담았다.

이 책은 20여 년에 걸친 탐구의 결실이다. 기존의 '이래야 한다'는 접근 방식에 거부감을 느끼는 이들, '앞으로'를 향해 주체적으로 무언가를 만들고자 하는 이들과 함께 나아가기 위한 시각과 보조선을 제안한다. 이 새로운 개념을 쉽게 받아들일 수 있도록 다음과 같은 구성으로 정리했다.

1장 뷰카 사회에 만연한 답답함, 체념, 무력감의 정체

지금 우리가 느끼는 고민을 분석하고 이를 둘러싼 현실과 내포된 과제를 짚어보며 브레인 매니지먼트가 무엇인지 이야기한다.

2장 인류의 진화와 뇌의 폭주

뇌의 진화 역사 속에서 뿌리내린 뇌의 무의식적 습관과 특징을 살펴본다.

3장 우리 뇌가 가진 7가지 무의식적 특성

브레인 매니지먼트란 무엇이고 이를 구성하는 뇌의 7가지 특성은 무엇인지 설명한다.

4장 기본적인 브레인 매니지먼트 — 개인이 변한다

개인의 삶과 일상에서 실천할 수 있는 브레인 매니지먼트의 구체적인 방법을 소개한다.

5장 우리의 브레인 매니지먼트 — 팀과 조직이 변한다

팀과 조직 차원에서 적용할 수 있는 브레인 매니지먼트 전략과 사례를 소개한다.

6장 브레인 매니지먼트, 뷰카 시대 사회와 미래를 밝히는 횃불

사회 각 분야에서 브레인 매니지먼트를 활용한 사례를 다룬다.

이 책을 읽어나가다 보면, 분명히 '사물을 보는 관점'이 조금씩 바뀌는 것을 느낄 수 있을 것이다. 그리고 마지막 장을 덮을 때쯤, 지금까지는 포기하려 했던 일이었지만 이제는 할 수 있을 것 같은 용기와 희망이 생길 것이다.

이제 '앞으로'의 시대를 살아가기 위한 '브레인 매니지먼트'를 함께 탐구해보자.

차 례

프롤로그 4

1장 뷰카 사회에 만연한 답답함, 체념, 무력감의 정체

지금 위기감 혹은 정체감을 느끼고 있는가? 19
'앞으로'의 시대는 '지금까지'의 방식이 통하지 않는다 23
자동적으로 발동하는 뇌의 습관이란? 27
브레인 매니지먼트는 뇌에 고삐를 채우는 기술 30
브레인 매니지먼트로 의식과 마인드셋이 변한다 32

2장 인류의 진화와 뇌의 폭주

왜 우리는 삶이 힘들다고 느끼는가? 37
안정적 사회에서 다시 불안정한 사회로 바뀌다 40
인간의 뇌는 기본적으로 절전 모드를 추구한다 43
기계론적 관점과 전체론적 관점의 차이 45
산업혁명으로 기계론적 세계관이 확산되다 48
'지금까지'의 운영 체제와 '앞으로'의 애플리케이션 50

중요한 것들은 눈에 잘 보이지 않는다 53
기계론적 관점은 모든 것을 경직시키는 사고방식이다 56
'절전 모드'에서 '자가발전 모드'로의 전환 61
기계론적 관점이 무조건 나쁜 것은 아니다 63

3장 우리 뇌가 가진 7가지 무의식적 특성

브레인 매니지먼트의 목표는 무엇인가 69

뇌의 무의식적인 7가지 특성 73

  1. 모두 같으면서, 모두 각각 다르다 74

  2. 몸과 마음의 에너지가 부족하면 뇌는 제대로 작동하지 않는다 75

  3. 모르는 사이에 절전을 위한 처리를 한다 77

  4. 주체성을 가질 때 퍼포먼스가 향상된다 83

  5. 관점의 전환, 언어·이미지, 스토리에 움직인다 85

  6. 신체성과 환경에 연동된다 89

  7. 주변과 공명한다 90

브레인 매니지먼트를 통해 '고유한 힘'을 발휘하는 세계로 94

4장 기본적인 브레인 매니지먼트 : 개인이 변한다

개인을 변화시키는 3단계 브레인 매니지먼트 99
지금 당장 할 수 있는 것부터 시작하자 102
1단계 : 깨닫기 — 4가지 프레임워크 104
2단계 : 작용하기 — 5가지 플러스알파 프레임워크 122
3단계 : 체현하기 — 3가지 프레임워크 132
진정성, 타인의 평가가 아니라 자신의 내부에서 우러나오는 힘 140
에너지 충전을 위한 9가지 작은 실천 141

5장 우리의 브레인 매니지먼트 : 팀과 조직이 변화한다

팀·조직 브레인 매니지먼트의 세 가지 접근법 155
1단계 : 상대방과 자연스럽게 소통하기 158
2단계 : 공간 조성과 부드러운 환경 구축하기 167
3단계 : 조직의 가치 창조와 변화 만들기 174
작은 인식의 변화에서 조직의 혁신이 시작된다 190

6장   브레인 매니지먼트, 뷰카 시대 사회와 미래를 밝히는 횃불

브레인 매니지먼트는 우리 사회의 변화를 위한 열쇠다   197
조직 변화의 가속화   199
개인의 변화를 가속화하는 브레인 매니지먼트   212
뷰카를 다루는 기술은 앞으로의 시대에 필수적인 생존 기술이다   224

에필로그   228
참고문헌   234

1장

뷰카 사회에 만연한 답답함, 체념, 무력감의 정체

지금 위기감 혹은
정체감을 느끼고 있는가?

먼저 우리가 당면한 과제를 하나씩 짚어보자.

이 책이 특히 전하고자 하는 대상은 '지금까지'의 방식, 즉 '이래야 한다'는 기존의 틀에 의문을 품기 시작한 이들과, '앞으로는 이렇게 되고 싶다'는 비전을 품고 주체적으로 변화를 이끌고자 하는 사람들이다. 그들과 함께 나아가기 위해 우리는 '지금까지'와 '앞으로' 사이에서 어디쯤 서 있는지를 먼저 돌아볼 필요가 있다.

이와 관련해 최근 자주 등장하는 표현들 '초고속 디지털화', 'AI의 부상', '글로벌화' 등은 우리가 처한 시대의 흐름을 상징적으로 보여준다. 사회 전반에 걸쳐 변화의 속도는 빨라지고 있으며, 그만큼 세상은 복잡해지고 예측이 어려워졌다.

그림 1-1 뷰카의 개념

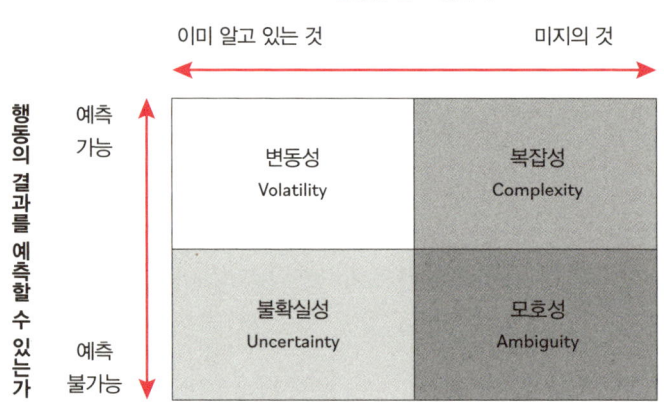

※ 쳇 리처즈 Chet Richards 저, 『우다루프 OODA Loop - 차세대 최강 조직으로 진화하는 의사결정 스킬』
(국내 미번역)을 근거로 작성함.

    특히 코로나 팬데믹 이후, '뷰카VUCA 시대'라는 개념이 빠르게 확산되었다. 뷰카는 변동성Volatility, 불확실성Uncertainty, 복잡성Complexity, 모호성Ambiguity의 약자로, 한마디로 정의하면 미래를 예측하기 어려운 상태, 앞날이 불확실하고 흐릿한 상태를 뜻한다. 지금 우리는 의심할 여지 없이 이러한 뷰카 시대 한가운데에 있다. 그리고 그로 인해 '지금까지'와 '앞으로' 사이에는 전례 없이 큰 변화와 괴리가 생겨나고 있다.
    예를 들어 뷰카 시대를 살아가는 당신은 다음과 같은 상태에 놓여 있지는 않은가? 아래 항목들을 확인해보자.

- ☐ 지금의 상황을 바라보며 '이대로는 안 돼, 뭔가 바꿔야 해'라며 조바심을 느낀다.
- ☐ 현재 상황을 개선하려고 노력하지만, 나 혼자만 열심히 할 뿐이니 헛수고라는 생각이 든다.
- ☐ 의사소통 과정에서 내 생각이 다른 사람들(상대방)에게 잘 전달되지 않아 마찰이나 갈등이 생긴다.
- ☐ 타인에 대해 '어차피 우리는 서로를 이해할 수 없어'라고 체념하고 만다.
- ☐ 가끔은 내가 누구이고 무엇을 하고 싶은지 알 수 없어 혼란스러울 때가 있다.
- ☐ 서로 다른 입장을 가진 사람들과의 의사결정이 원활하지 않아 일을 진행하기 어렵다.
- ☐ 무엇을 해도 뚜렷한 성과가 없으니 결국 '이 정도면 됐지'라는 식의 사고방식을 갖게 된다.
- ☐ 지금 하는 일에서 보람을 느끼지 못한다. 사실은 내가 하는 일에서 더 많은 의미를 찾고 싶다.

많은 사람이 크든 작든 '이대로 괜찮은 걸까?' 혹은 '이대로 가다간 문제가 생기지 않을까?' 하는 의문과 위기감을 느낀다. 하지만 동시에 무엇을 어떻게 해야 할지 모르는 막막함 속에서 막연한 정체감에 시달리곤 한다.

조직과 사회에서는 '과거의 연장선이 아닌, 이제는 새로운 시대로 나아가야 한다'는 식의 패러다임 전환이 여러 방향에서 제시되고 있다. '논쟁보다 대화의 시대', '톱다운top-down이 아닌 바텀업bottom-up', 'D&I(다양성과 포용성)', '지속 가능성' 등 새로운 슬로건과 접근 방식이 강조된다. 하지만 문제는 정작 이런 아이디어를 실제로 구현하려고 하면 이름뿐인 개혁에 그치거나, 개념은 있어도 제대로 실행되지 못하는 경우가 많다는 점이다.

이런 위기감과 정체감, 무력감은 개인의 일상생활뿐 아니라 기업과 같은 조직 체계에서도 쉽게 볼 수 있다. 사회 전반에 걸쳐 다양한 형태의 '어려움'이 만연해 있는 것이다.

앞으로의 시대에 필요한 사람, 조직, 사회의 변화에 동행할 컨설턴트로서 나는 기업, 행정기관, 교육기관, 비영리단체NGO 등 다양한 분야를 넘나들며 국내외 여러 현장을 보아왔다. 이 과정에서 '지금까지'와 '앞으로' 사이에서 이상과 현실의 괴리로 인해 살아가는 데 어려움을 겪는 사람들을 많이 만났다.

위기감과 정체감의 정도는 사람마다 다르지만, 상당수는 '일이 잘 풀리지 않는다', '어떻게 해야 할지 모르겠다'고 막막해하다가 결국 '현실은 어차피 변하지 않을 것이다', '내 힘으로는 바꿀 수 없다'는 무력감에 빠지거나 체념하게 된다.

왜 우리는 이런 상태에 처하는 것일까? 20여 년간의 탐구와 실천

끝에 내가 도달한 결론은, 이 모든 것이 우리의 뇌와 관련이 있다는 것이다. 하지만 문제는 우리가 성과를 좌우하는 뇌에 대해 거의 의식하지 못한 채 살아간다는 점이다. 이런 무의식적인 상태에서 벗어나 어떻게 하면 뇌를 의식적으로 내 편으로 만들 수 있는지가 중요하다. 이 책에서 소개하는 '브레인 매니지먼트' 개념의 부재는 이 문제의 숨겨진 주요 요인 중 하나라고 할 수 있다.

특히 뷰카의 거센 파도 속에 놓인 현대 사회에서는 브레인 매니지먼트가 큰 효과를 발휘한다. 뒤에서 자세히 설명하겠지만, 아직은 생소한 이 개념에 대해 간략하게 먼저 정리하자면 '자기 뇌를 내 편으로 만드는 기술'이라고 할 수 있다. 뇌의 작용은 삶의 모든 측면에 깊은 영향을 미친다.

그러나 실제로 사람들은 자신의 뇌가 어떻게 작동하는지 의식하지 못한 채, 오히려 뇌에 휘둘리는 경우가 많다. 먼저 이러한 무의식적인 상태가 우리 삶의 어려움과 어떻게 연결되는지 살펴보자.

['앞으로'의 시대는 '지금까지'의 방식이 통하지 않는다]

지난 수십 년을 돌아보면, 우리 세계는 '지금까지'와 '앞으로'를 양분하는 수많은 패러다임의 전환을 겪었다([그림 1-2] 참조). 산업혁명이 만들어낸 '산업 사회'에서 정보 혁명이 만들어낸 '지식 사회'로,

그림 1-2 '지금까지'에서 '앞으로'

지금까지

사고·가치관
정답주의(예측, 관리, 표준화)
논리와 합리성 중시
유용성, 물질적 풍요 추구
획일화 교육, 지식 편중

조직·리더십
계층 구조, 톱다운(하향식 접근)
명령과 통제
중앙 집중화, 종적 관계
토론, 수동적 의사소통

경제·소비
산업 사회, 대량 생산 및 소비
소유 지향, 브랜드 중시
이익 추구, 경제 성장
주주 자본주의

가치 창출·접근 방식
환원주의
경쟁 원리
독점, 소유
디지털화, 전문화

앞으로

사고·가치관
수정주의(시행·구상·다양성)
감정과 공감 중시
의미 있는 것, 정신적 풍요 추구
개별 최적화, 탐구 학습

조직·리더십
자율 분산, 바텀업(상향식 접근)
권한 위임 Empowerment
분산화, 경계 초월
대화, 주체적 의사소통

경제·소비
지식 사회, 지속 가능한 소비
접근 지향, 공유 경제
ESG, 웰빙
이해관계자 자본주의

가치 창출·접근 방식
전체론
공동창조, 통합화
협력, 가치 공감
인공지능(AI)과 인간의 협력

아날로그에서 디지털로, 소유에서 공유로, '유용한 것'에서 '의미 있는 것'으로, '물질적 풍요'에서 '정신적 풍요'로 등, '지금까지'와 '앞으로'의 각 세계관을 나타내는 많은 키워드가 생겨났다.

그런 가운데, 마침 이 두 세계관의 중간 시대에 태어난 우리는 '지금까지'의 방식이 세포 구석구석에 배어 있다. 지금까지의 방식 중에서도 당연시되었던 행동 양식, 특히 '어떻게든 해결해야 한다!'라는 위기 상황 타개 방식을 되돌아보면, 대표적으로 다음 세 가지를 들 수 있다.

"열심히 하면 어떻게든 된다!"

오로지 노력만을 강조하는 접근법. 시간과 노력을 투입하면 그만큼 좋은 결과가 나올 것이라는 선형적 사고 linear thinking가 바탕에 깔려 있다. 노력하는 자세 자체가 높이 평가받고 투입한 만큼 결과물이 나왔던 고도 경제 성장기 시대의 전형적인 사고방식이다.

"정답을 찾아서 그에 맞춰 행동하면 된다."

정답을 찾아 행동하는 접근법. 명확한 정답이 존재하며 '누군가는 정답을 알고 있을 것'이라는 믿음에서 나온 접근법이다. 무언가를 할 때마다 '이게 맞나?' 하고 걱정하는 것도 같은 맥락이다. 같은 시간과 노력을 들일 거라면 오답보다 정답에 도달하기를 바라는 효율성을 중시하는 태도에서 비롯됐다.

"(누군가) 해주겠지."

자신이 아닌 다른 이가 의사결정이나 행동을 해주기를 기다리는 접

> 근법. 먼저 나서면 타인의 눈에 띄어 '분위기 파악을 못 한다', '나서기 좋아한다'는 꼬리표가 붙을까 봐 두려워하거나 애초에 귀찮아서 사태를 관망한다. 주체적으로 행동하지 않아도 수동적으로 따라가면 어느 정도 해결됐던 경험에서 형성된 사고방식이다.

위의 내용은 모두 '절차가 정해진 작업'이나 '정답이 있는 문제'에 적합했던 '과학적 관리법'에 기반을 두고 있다. 그러나 서두에서 언급했듯, 우리는 다양한 패러다임 전환의 끝에서 정답이 없고 모호하며 불확실하고 예측 불가능한 뷰카 시대를 살아가고 있다. 이런 환경에서는 '지금까지'의 접근법 자체가 흔들리며 더 이상 유효하지 않다.

더 나아가 '지금까지'와 '앞으로'의 세계관 차이를 논하거나 기존 방식이 통하지 않는 현실을 한탄하거나 지적하는 이야기도 셀 수 없이 많다. '앞으로는 이렇게 해야 한다'는 식의 커뮤니케이션론, 조직론, 마케팅론 등 새로운 접근을 제시하는 책이나 영상 같은 콘텐츠도 넘쳐난다.

또한 'DX Digital Transformation(디지털 전환)', 'SX Sustainability Transformation(지속 가능성 전환)'처럼 'X Transformation'가 붙는 용어들이 쏟아지고 있다. 논쟁보다는 대화, 중앙집권적·톱다운 방식보다 분산형·플랫·바텀업 접근법 등, 이전과는 다른 새로운 방향성이 다양한 형태로 제시되고 있다.

하지만 이렇게 방대한 정보가 쏟아지는 시대에 살면서도, 여전히 위기감과 답답함을 느끼며 무언가를 해야 한다는 압박감이나 이질감을 경험하고 있지는 않은가?

'지금까지'의 방식이 더 이상 통하지 않는다는 걸 알면서도 우리는 무의식적으로 익숙한 과거에 끌려간다. 게다가 '앞으로는 이렇게 접근해야 한다!'는 이야기를 자주 들어서 느낌상으로는 익숙하지만, 막상 실천하려고 하면 마음처럼 쉽지 않은 현실과 마주한다.

이처럼 '지금까지'와 '앞으로'의 틈새에서 고통받는 구조가 곳곳에서 발견된다. 그리고 그 틈에서 힘들어하는 근본 원인은 바로 우리 뇌에 있다. 우리 뇌는 '자동으로 발동하는 자질과 습관'을 가진, 누구도 피할 수 없는 생리적 기능이 있다는 사실을 인식해야 한다.

[자동적으로 발동하는 뇌의 습관이란?]

자동적으로 발동하는 우리 뇌의 습관이란 무엇일까? 뇌의 특성에 대해서는 3장에서 더 자세히 다루겠지만, 그 전에 먼저 자신이 무의식적으로 다음과 같은 말을 자주 하고 있지는 않은지 돌아보자.

- "이것도 없고 저것도 없네."

- "어차피 안 돼."
- "아직 ○○하지 못했어."
- "제대로 해야 해", "그러니까 더 노력해야 해."
- "당연히 ○○해야 해."
- "이게 맞는 걸까?"
- "왜 나만 이래."
- "어쩔 수 없어."
- "날 싫어하면 어쩌지?"
- "틀리면 안 돼."
- "무엇을 선택해야 할지 모르겠어."
- "나와는 상관없는 일이야."
- "다른 사람들한테 맞춰야 해, 튀면 안 돼."
- "남들은 뭐라고 생각할까?"

이런 생각들은 단순한 말버릇을 넘어 '마음의 소리', '머릿속의 속삭임', '혼잣말' 또는 '채터chatter*'라고 불리는 내면 언어의 형태로 나타난다. 이러한 습관성 표현들은 겉으로 드러나지 않기 때문에 인식하기 어렵지만, 우리의 감정과 행동에 강력한 영향을 미친다. 우리가 어떤 사고방식이나 인식을 지녔는지도 이 내면의 목소리에 반영

- 머릿속에서 끊임없이 반복되는 부정적인 내면의 목소리.

된다.

이런 말버릇의 이면에는 자신도 모르게 드러나는 '뇌의 특성', 즉 '뇌에 각인된 반응'이 존재한다. 예를 들어 다음과 같은 반응이 있다.

- 구체적인 변화를 꺼린다.
- 사물에 꼬리표를 붙여 이해하려 한다.
- 옳고 그름을 판단하려 한다.
- 불편한 일은 남의 일로 여기거나, 애써 무시한다.
- 다름보다는 같음에서 안정을 느낀다.

이런 반응은 누구에게나 무의식적으로 나타날 수 있는, 뇌의 자동적이고 본능적인 반사 반응이다. 뇌의 이런 자동 반응은 우리가 과거의 익숙한 방식에 안주하게 만들며, 새로운 접근이나 변화를 시도하는 데 장애가 된다.

실제로 뇌가 어떻게 작동하는지는 MRI 같은 측정 장비 없이는 객관적으로 알기 어렵다. 하지만 말버릇이나 혼잣말 같은 단서를 통해서도, 우리의 뇌가 어떤 반응 경향을 지니고 있고 지금 어떤 상태인지 어느 정도 가늠해볼 수는 있다.

브레인 매니지먼트는
뇌에 고삐를 채우는 기술

'매니지먼트'라고 하면 대부분 '관리', '통제', '경영'을 떠올린다. 하지만 어원을 살펴보면, '(야생) 말을 길들이기 위해 고삐를 잡는다'는 뜻의 라틴어 'maneggiare(마네자레)'에서 비롯되었다. 실제로 영어 'manage to do'도 쉽지 않은 일을 '어떻게든 해내다'라는 의미로 쓰이며, 이와 같은 뉘앙스를 담고 있다. 즉 브레인 매니지먼트란 뇌를 기계가 아니라 살아 있는 '말'에 비유해 '뇌에 고삐를 채우는 기술'로 생각하면 이해하기 쉬울 것이다.

[그림 1-3]을 보자. 말을 탈 때 우리는 고삐를 단단히 쥐고 말을 조절하며, 목표를 향해 주도적으로 나아가는 '주체자'가 된다. 여기서 '말'을 '뇌'로 바꿔 생각해보자. 사람들은 자기 뇌의 고삐를 쥐고 자신의 의지대로 뇌를 움직이며 명령을 내리고 있다고 느낀다.

하지만 현실은 그렇지 않다. 개인차는 있지만, 실제로는 고삐를 쥐고 있다고 해도 말에서 떨어져 뇌에 끌려가는 상태에 놓인 경우도 적지 않다. 사람마다 차이가 있을 뿐 아니라, 같은 사람도 고삐를 단단히 잡고 있을 때가 있고 놓칠 때가 있다.

승마에서는 말에서 떨어지는 순간 즉시 알아차리고 고삐를 놓아버릴 수 있다. 하지만 뇌의 경우는 다르다. 우리는 스스로 뇌의 고삐를 쥐고 있다고 믿지만, 사실은 뇌에 끌려다니는 사람들이 더 많다. 심지어 자신이 말(뇌)에서 떨어졌다는 것조차 인지하지 못하는 경우

그림 1-3 브레인 매니지먼트의 이해

우리가 떠올리는 이미지

주체
: 주도권을 가진 쪽

말(뇌) 위에서
자신의 인생을 살아가는 상태

우리의 현실

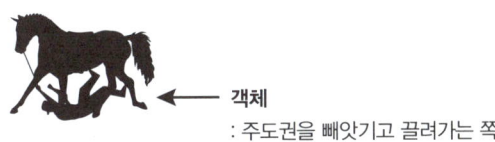

객체
: 주도권을 빼앗기고 끌려가는 쪽

말(뇌) 위에 있다고 생각하지만 주도권을 빼앗긴 상태
(자주 일어남, 알아차리지 못함)

도 많다.

이렇게 말의 고삐를 쥐고 원하는 방향으로 이끄는 것처럼 뇌에 고삐를 채워 주체적으로 다루는 기술이 바로 '브레인 매니지먼트'다.

브레인 매니지먼트로
의식과 마인드셋이 변한다

'이대로는 안 된다', '무언가를 바꿔야 한다'는 막연한 위기의식이 사회 전반에 퍼지고, 곳곳에서 변화의 필요성이 강조되고 있다. 하지만 실제로 변화를 위해 행동에 나서는 사람은 많지 않다. 대부분은 '변해야 하지만 결국 아무것도 달라지지 않는다', '어차피 바꿀 수 없다'며 체념하거나 무력감을 느낀다. 오히려 어떻게든 해보겠다며 움직이는 사람에게 '쓸데없는 일을 한다'며 차가운 시선을 보내는 경우도 적지 않다.

그렇다면 이런 의식의 격차를 어떻게 극복할 수 있을까?

여기서 한 가지 생각해볼 점이 있다. 지금까지 대부분의 접근법은 '의식을 바꾸자', '생각의 틀을 바꾸자', '주체 의식을 갖자', '자기다움을 소중히 하자', 더 나아가 '존재 방식이나 생각의 구조부터 바꾸자'는 식으로, 대체로 눈에 보이지 않고 다루기 어려운 것의 변화를 요구하는 데 그쳤다.

하지만 브레인 매니지먼트를 활용하면, 이처럼 막연하고 추상적인 '의식'이나 '마음가짐'의 문제에 대해 누구나 실천할 수 있는 실현 가능한 방법으로 접근할 수 있다.

브레인 매니지먼트는 이처럼 핵심적이면서도 '눈에 보이지 않는 것'을 다루기 위한 기술이다. 비록 앞이 보이지 않고 모호하며, 불확실한 뷰카 시대일지라도, 그 불확실성과 모호함을 구체적으로 다루기 위해서는 자기 뇌를 주체적으로 다루는 힘이 필수적이다.

이미 살펴본 것처럼 많은 이가 '이대로는 안 되지만, 어차피 나는 아무것도 할 수 없어', '어차피 나는 바꿀 힘이 없어'와 같은 무력감을 느낀다. 이런 생각은 일부러 하는 것이 아니라 뇌의 자동화된 반응에서 비롯된다. 즉 개인의 능력이나 성격과 무관하게 습관이 무의식중에 발동되는 것이다.

이 책을 집어 든 당신은 아마도 삶의 어느 지점에서 답답함이나 막막함을 느끼며, '어떻게 해야 할까', '내가 할 수 있는 일이 있을까' 하는 고민에 부딪힌 적이 있을 것이다. 하지만 앞서 언급했듯, 지금 우리가 살아가는 뷰카 시대에는 예전과 같은 방식으로는 이러한 답답함과 무력감을 해결할 수 없다. 심지어 뷰카를 전제로 한 '앞으로'의 방식을 선택하려 할 때조차 우리는 여전히 뇌의 익숙한 패턴에 휘둘린다.

이제 앞으로의 시대를 살아가기 위한 생존 기술로서 브레인 매니지먼트라는 새로운 관점과 구체적인 접근법을 받아들여야 한다. 이 책은 그 여정을 시작하는 당신에게 든든한 길잡이가 되어줄 것이다. 다음 장부터는 왜 과거의 방식이 더 이상 통하지 않는지 그 배경을 살펴보고, 뇌를 효과적으로 다루는 방법과 브레인 매니지먼트의 구체적인 방법을 자세히 살펴보자.

2장

인류의 진화와 뇌의 폭주

왜 우리는 삶이 힘들다고 느끼는가?

당신은 다음과 같은 상태에 해당된다고 느낀 적이 있는가? 아래 항목을 읽고 체크해보자.

- ☐ '무언가 바꿔야 해', '이제 행동해야 해'라고 생각하면서도 좀처럼 실천으로 옮기지 못한다.
- ☐ 어떤 일을 시작하기도 전에 '내가 할 수 있는 일이 아니야', '어차피 안 될 거야'라고 쉽게 포기한다.
- ☐ 당장 이해되지 않거나 어떻게 해야 할지 모르는 일은 '어렵다'며 생각을 멈춘다.

- ☐ '정말 내가 하고 싶은 게 뭘까?'라는 질문에 바로 답하지 못한다.
- ☐ '그런 질문을 해도, 당장 해야 할 일이 너무 많아서 어쩔 수 없다'고 생각한다.
- ☐ '대중적 관념'의 규범에서 벗어난 사람을 보면 종종 짜증이 날 때가 있다.
- ☐ 다른 사람의 요구에 응하거나, 해야 할 일이 명확할 때만 비교적 잘 대처한다.
- ☐ '이렇게 하면 더 좋을 텐데'라는 개선 아이디어가 떠올라도 남의 시선이 신경 쓰여 실천하지 못한다.
- ☐ '시간이 없다', '돈이 없다' 등 항상 무언가에 쫓기는 느낌이 든다.
- ☐ 매사에 비판적으로 단정짓거나 판단하는 경우가 많다.
- ☐ '이렇게 할걸'하고 후회하거나, '저렇게 되면 어쩌지' 하는 걱정이 반복된다.
- ☐ 생산성을 높이고 싶어 자기계발서를 사지만, 끝까지 읽지 못하거나 실천으로 이어지지 않는다.
- ☐ 화가 나면 반사적으로 입을 다물거나, 말대꾸하거나 감정적으로 반응한다.
- ☐ 말문을 열 때 무심코 '아니', '하지만'이라는 말을 먼저 꺼낸다.
- ☐ '아니에요, 저는…' 하고 자신을 낮추거나, '어차피 나는…' 하며 자책하는 습관이 있다.
- ☐ 지금의 방식이 맞는지 계속 신경이 쓰인다.

☐ 심지어 이 체크리스트에서 '그렇다'가 많으면 '내가 뭔가 잘못된 건 아닐까' 불안해진다.

우리가 살아가는 '지금'은 과거 시점의 '지금까지'와 미래 시점의 '앞으로'라는 서로 다른 접근 방식이 교차하는 경계에 서 있는 시기다. 이로 인해 쉽게 인식되지 않는 '삶의 어려움'이 곳곳에서 나타난다. 지금까지의 방식이 더는 통하지 않고, 앞으로의 방식은 머리로는 이해되지만 정작 실천하기는 어렵다. 게다가 단순히 접근법이 달라진 것을 넘어, 변동성·불확실성·복잡성·모호성이라는 뷰카 시대에 살고 있다는 점과, 뇌가 때로는 폭주하듯 자동으로 작동하는 습관을 지니고 있다는 사실이 상황을 한층 더 복잡하게 만든다.

이런 상황을 어떻게 풀어가야 할까? 그 해답은 인류와 뇌의 진화, 그리고 세계가 어떻게 형성되어 왔는지에 대한 이해에서 찾을 수 있다. 비록 이런 주제들이 일상과는 다소 동떨어져 보일 수 있지만, 모든 것의 근본을 이해하는 데 큰 밑거름이 된다. 본질을 파악하기 위해서는 먼저 이런 근본적인 토대를 살펴볼 필요가 있다.

이 장에서는 우리가 왜 살기 힘들다고 느끼는지, 그 근본 원인을 인류사적 관점에서 살펴보려 한다. 먼 이야기처럼 들릴 수도 있지만, 우리 안에 흐르는 역사적 맥락을 이해하게 되면 앞으로 어떻게 살아가야 할지 새로운 통찰을 얻을 수 있을 것이다. 이 과정 자체가 브레인 매니지먼트, 즉 뇌를 내 편으로 만드는 첫걸음이다.

안정적 사회에서
다시 불안정한 사회로 바뀌다

약 700만 년 전 아프리카에서 유래한 것으로 여겨지는 인류는 오랜 시간 동안 사냥과 채집을 하며 살아왔다. 광활한 자연 속에서 그날그날 먹을 것을 찾아 헤매고, 위험한 동물로부터 몸을 지키며 살아가는 삶을 상상해보라. 지도도 없는 세상에서 매일 살아남기 위해 온몸과 마음을 다해 살아가던 시대가 수백만 년 동안 이어졌다.

인류는 바로 이렇게 예측 불가능한 뷰카 환경을 견디며 살아왔다. 그런 환경 속에서 인류는 다양한 능력을 개발하고 오랜 시간에 걸쳐 이를 다듬어왔다. 예를 들어 다음과 같은 능력들이다.

- **신속한 위험 감지 능력** 다가오는 위험을 재빨리 알아차림.
- **유연한 문제 해결력** 새로운 환경에서도 임기응변으로 대응.
- **강력한 패턴 인식 능력** 과거 경험을 현재 상황에 적용.

이런 생존 능력이 인류를 현대까지 살아남게 한 원동력이라고 할 수 있다.

인류 역사의 대전환점은 약 1만 2,000년 전 농경 생활을 시작하면서 찾아왔다. 인류의 역사가 약 700만 년임을 생각하면 비교적 최근의 일이다. 농경 시대의 삶은 가뭄이나 홍수 같은 자연재해가 있긴

했지만, 수렵과 채집 생활에 비하면 훨씬 안정적이었다. 이는 인류가 확실성이 높은 삶으로 전환하는 계기가 되었다. 이 변화가 인류의 삶에 끼친 영향은 매우 컸다.

'그날그날 살아가는' 수렵과 채집 생활에서 벗어나, 인류는 계획적으로 식량을 생산하고 저장하는 농경 사회로 나아가게 된다. 농경의 시작은 인류가 처음으로 미래를 예측하고 준비할 수 있는 '비非뷰카' 환경을 만들어냈다. 특히 다음과 같은 변화가 인류 사회에 큰 발전을 가져왔다.

- **생산의 예측 가능성** 씨앗을 뿌리면 수확 시기를 어느 정도 예측할 수 있게 됨.
- **정착에 따른 안정된 생활** 식량을 찾아 이동할 필요가 없어짐.
- **집단생활이 만들어낸 새로운 질서** 협력해 농사를 짓고 마을과 도시를 형성함.

문명의 발전, 문화의 창조, 과학기술의 진보 등 오늘날 사회 기반이 이 시기에 형성되었다고 해도 과언이 아니다. 이렇게 거시적으로 인류사를 되돌아보면, 우리가 비교적 안정된 생활을 해온 기간은 극히 일부에 불과하다는 것을 알 수 있다.

이 기간은 인류사에서 극히 예외적인 시기다. 나머지 99퍼센트 이상의 기간은 불확실하고 모호한 뷰카 세계를 살아왔다. 즉 우리는

그림 2-1 인류의 진화와 뇌의 진화

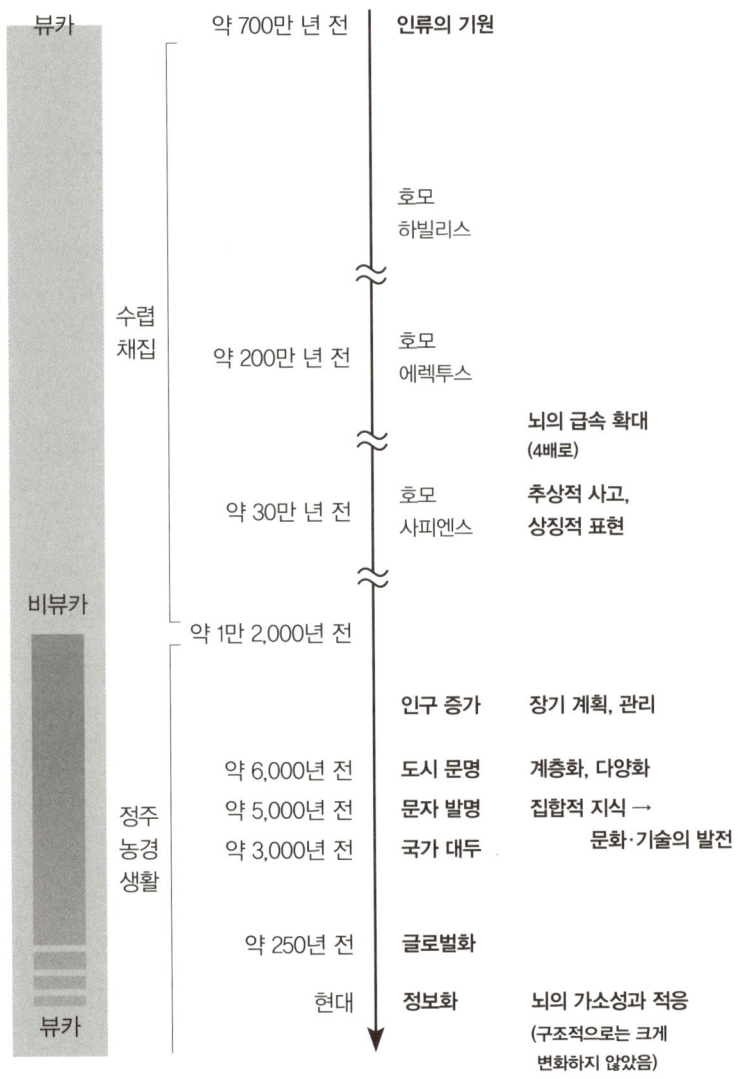

본질적으로 불확실한 환경에 노출되며 생존해온 긴 역사를 가진 존재다.

'뷰카'라는 개념이 대중적으로 퍼지게 된 계기는 코로나19 팬데믹이었다. 전 세계가 동시에 불확실성과 불안정성의 충격을 경험한 그 순간은 아직도 생생히 기억된다. 하지만 곰곰이 생각해보면, 뷰카 시대가 갑자기 도래한 것은 아니다. 오히려 본래부터 뷰카였던 세상이 일시적으로 안정적이고 예측 가능한 비뷰카 가상 세계를 잠시 경험했던 것에 불과하다. 이제 그 가상 세계가 흔들리며, 우리는 다시 본질적인 뷰카 환경 속에서 살아가는 시대를 맞이하고 있다.

즉, 우리가 살아가는 세계는 본래 예측 불가능하고 복잡하며, 이해하기 어려운 곳이다. 뷰카는 결코 새로운 현상이 아니라 인류가 오래전부터 직면해온 세상의 본질이다.

인간의 뇌는 기본적으로 절전 모드를 추구한다

인류는 농경과 정착 생활을 시작하면서 미래를 예측할 수 있다는 전제를 바탕으로 조직과 사회 시스템을 구축하기 시작했다. 약 1만 2,000년 전만 해도 대체로 인류가 무리를 지어 모인 공동체는 150명 정도가 최대였지만, 농경 시대가 되면서 그 이상 규모의 거대한 집단을 통제할 수 있게 되었다. 이러한 사회는 일종의 '가상 세계'와도 같으며 예측 가능성을 전제로 한 '비뷰카' 사회라고 볼 수 있다.

　이로 인해 인류는 더 많은 사람과 협력하고 통제하며, 폭발적인 인구 증가와 사회 발전을 이룰 수 있었다. 즉 식량을 관리함으로써 인구를 늘리고, 집단을 확장해 도시 문명을 발전시키며 일부가 다수를 통제하는 사회 구조를 만들었다. 물론 기근이나 자연재해 같은 예측 불가능한 일이 발생하기도 했지만, 거시적으로 보면 최근까지 '비뷰카'를 전제로 한 사회를 발전시켜왔다고 할 수 있다. 이 인류의 폭발적 발전을 뒷받침한 것이 바로 '비뷰카'를 전제로 한 사회와 뇌의 관계다.

　뇌가 어떻게 진화했는지 이해하는 가장 쉬운 방법은 '뇌의 용량'이 얼마나 증가했는지를 확인하는 것이다. 약 200만 년 전, 인류가 본격적으로 육식을 하면서부터 뇌의 크기가 급격히 커지기 시작했다. 이 시기 인류는 공동체를 형성하고 언어를 사용하며, 아프리카 대륙에서 다른 대륙으로 진출했다. 집단이 커질수록 뇌도 점점 커졌고, 약 40만 년 전에는 초기 인류에 비해 뇌 용량이 약 네 배 커졌다. 현생 인류의 평균 뇌 용량은 남성의 경우 약 1,300~1,600cc, 여성은 약 1,200~1,250cc 정도다. 이렇게 뇌가 커지면서 인류는 언어를 비롯한 고도의 지적 능력을 갖추게 되었다.

　그러나 커진 뇌는 전체 체중의 약 2퍼센트에 불과하면서도, 우리가 사용하는 에너지의 20~25퍼센트를 소비한다. 뇌가 커졌다는 것은 곧 막대한 에너지를 지속적으로 필요로 한다는 뜻이기도 하다. 그래서 뇌에는 '어떻게 에너지를 절약할 것인가'라는 새로운 과제가

그림 2-2 뇌의 절전 모드

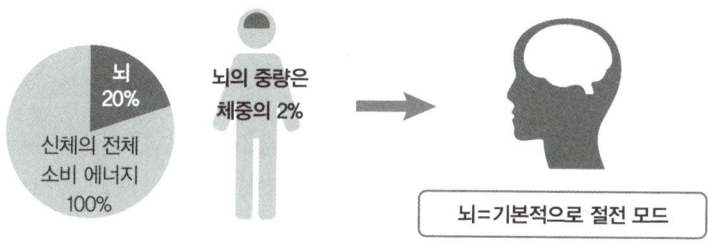

※ 일본 후생노동성 「일본인의 식사 섭취 기준(2025년판)」을 참고로 산출함.

주어졌다. 달리 말해 뇌는 항상 '어떻게 하면 에너지를 덜 쓸까'를 추구하며, 기본적으로 '게으름을 피우는 습관', 즉 절전 모드를 갖게 되었다. 인류의 뇌는 이렇게 에너지 효율을 극대화하는 방향으로 진화해온 것이다.

기계론적 관점과 전체론적 관점의 차이

인류가 무의식중에 만들어 낸 '비뷰카 가상 세계'와 뇌의 확대에 따라 등장한 '뇌의 절전 모드'라는 두 요소가 맞물리면서 새로운 '사고방식'이 탄생했다. 이 사고방식을 여기서는 기계론적 관점mechanic view이라고 부른다.

기계론적 관점은 '세상은 예측 가능하며 정답이 존재한다'는 비뷰카 환경을 전제로 한 반응이다. 이는 확대된 뇌가 생존을 위해 추구하는 '에너지 절약'을 실현하는 사고방식이기도 하다. 이 뇌의 작동 방식과 모드를 좀 더 직관적으로 이해하기 위해 '빙산 모델'을 활용해 설명할 수 있다.

[그림 2-3]은 '사고방식'을 빙산 모델로 표현한 것이다. 기계론적 관점의 뇌는 에너지를 아끼는 것이 최우선 과제이기 때문에, 수면 위에 드러난 빙산의 '눈에 보이는 부분'만 인식하는 습관이 있다.

그림 2-3 기계론적 관점과 전체론적 관점

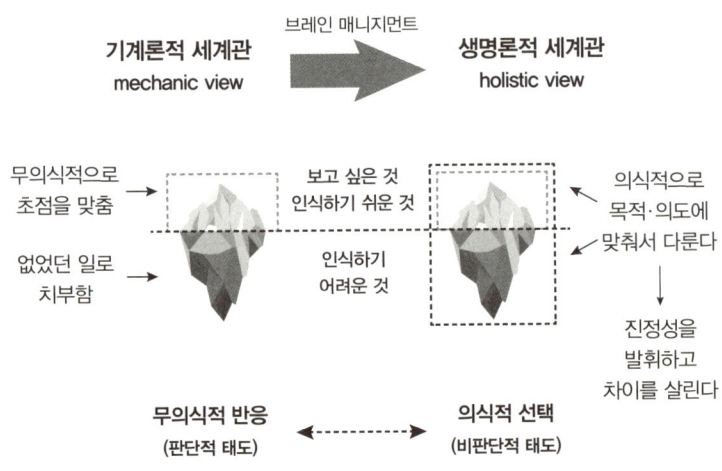

즉 기계론적 관점에서는 효율성과 예측 가능성을 중시하다 보니 '눈에 보이는 것', '인식하기 쉬운 것', '이해하기 쉬운 것'에 치우쳐 반응하는 경향이 강하다. 수면 위로 드러난, 수치화 가능하고 이해하기 쉬운 부분만을 보고 판단하는 것이 바로 기계론적 관점이다.

반면 빙산의 아래에 있는 것은 '보이지 않는 것', '인식하기 어려운 것', '이해하기 어려운 것'이다. 이 수면 아래의 영역을 다루려면 상상력과 창조력을 발휘하고 탐구하는 에너지와 적극적이고 능동적인 자세가 필요하다.

여기서는 빙산의 수면 위와 아래, 즉 보이는 것과 보이지 않는 영역을 아우르는 사고방식을 '전체론적 관점 holistic view'이라고 부른다. 뇌가 절전 모드일 때 무의식적으로 작동하는 기계론적 관점과 비뷰카 가상 세계를 만들며 빙산의 수면 위만을 편향적으로 다뤄온 한계를 극복하기 위해서는, 수면 아래의 영역을 다룰 필요가 있다. 눈에 보이지 않고 쉽게 인식되지 않는 부분까지 다루기 위해서는 전체론적 관점이 필수적이다. 무의식적으로 작동하는 기계론적 관점을 의식적으로 전체론적 관점으로 전환하는 것이야말로 '브레인 매니지먼트'의 본질이다.

산업혁명으로
기계론적 세계관이 확산되다

　수렵과 채집 생활 시대, 인류는 소규모 집단을 이루며 살았고, 음식은 평등하게 분배되었으며 지금과 같은 사회적 계급도 존재하지 않았다. 그러나 농경 사회로 전환하면서 인구가 늘고 집단의 규모도 커지자 모든 사람이 함께 논의하며 의사결정을 하는 것은 한계에 부딪혔다. 이에 따라 인류는 '어떻게 장기적으로 사회 운용을 계획하고, 더 큰 공동체를 효율적이고 자동적으로 운영할 수 있을까'라는 주제를 모색하게 되었다.

　예측 가능성을 기반으로 한 비뷰카 사회에서는 미래를 어느 정도 계획할 수 있기 때문에 문제에 대한 답이 자연스럽게 도출된다. 지난 수백 년 동안 획일적인 관리가 가능했던 비뷰카 사회는 매우 잘 작동해왔다. 예를 들어 '규칙을 만들고, 그 규칙을 따른다'는 것은 바로 그 결과라고 할 수 있다. '이 규칙대로 움직이면 언제든 잘 풀린다'와 같이, 우리는 발생하는 문제에 대해 자동적으로 해결할 수 있는 시스템을 여러 곳에 구축해왔다.

　구체적인 예를 들면, 다음과 같은 시스템은 사회의 운영 체제os라고도 할 수 있는 전제 조건이었다.

- 'A를 투입하면 B가 산출된다'는 예측이 가능하다.

- 규칙을 만들고 지킨다.
- 상하관계와 중앙집중적 의사결정을 한다.
- 규율과 평가, 상벌 등 외적 동기로 사람을 움직인다.
- 행동 유도, 숫자(돈)를 매개로 한 경제 활동 등이 이에 해당한다.

　이런 '시스템화'는 결국 '기계적으로 작동하는' 사회를 의미하며, 이는 18세기 후반에서 19세기 초반의 산업혁명을 계기로 더욱 강화되었다. 이 시기에 데카르트와 같은 철학자들에 의해 '기계론적 세계관'이 등장했다. 기계론적 세계관은 '세상은 기계 부품의 조합처럼 원인과 결과의 연쇄로 돌아간다'는 관점이다. 이 세계관에서 인간은 생각을 멈추고 있어도, 세계는 자동적으로 굴러간다.

　그러나 이런 기계론적 세계관은 관리와 통제는 용이하지만, 개인의 개성은 억압되고 인간이 기계 부품처럼 소모품으로 전락한다는 단점이 있다. 산업혁명 이후 공장 중심의 대량 생산 시스템이 확립되고, 인간조차 기계 부품처럼 취급하는 세계관이 사회 전반에 확산되었다. 이로 인해 사회 구조가 더욱 절전 모드로만 운영되게 되었고, 사람들의 사고방식 역시 기계적 관점에 익숙해졌다.

　찰리 채플린Charles Chaplin의 영화 〈모던 타임스〉(1936)는 노동자가 기계의 일부가 되어 인간 존엄이 사라지는 기계 문명을 풍자한 대표적 사례다.

'지금까지'의 운영 체제와 '앞으로'의 애플리케이션

그리고 지금 우리 세계는 다시 한번 거대한 변곡점에 서 있다. 20세기 후반부터 현대에 이르기까지, 비뷰카적인 기계론적 세계관에 기반한 운영 체제에서 탄생한 사회 시스템 대부분이 급격한 변화의 소용돌이 속에서 흔들리며 무너지고 있다. 그리고 '지금까지'의 연장선으로는 '앞으로'의 시대를 헤쳐나갈 수 없다는 현실이 우리 앞에 놓여 있다. 우리는 다시금 뷰카 시대에 진입한 것이다.

이런 사회 환경 속에서, 비뷰카적 가상 세계를 전제로 한 상식, 기계론적 세계관에 뿌리를 둔 학교, 기업, 그리고 사회 구조 전반이 한계에 직면하며 곳곳에서 균열이 일어나고 있다. 이익과 성장, 최적화를 끊임없이 추구해온 기업 활동, 우리 사회의 경제 활동을 뒷받침하면서도 사회와 환경에 미치는 영향은 오랫동안 외면해온 경제계, 생산성 향상을 명목으로 인간을 획일화해 기계처럼 '양산'하는 교육 현장 등 모두가 '이대로는 안 된다'는 문제 의식을 공유하며 빠른 혁신을 요구받고 있다.

따라서 지금까지 당연하게 여겨졌던 '선형적 성장'이나 '이만큼 투입하면 이만큼 산출된다'는 예측 가능한 세계관은 더 이상 통하지 않는다.

이미 '앞으로'를 향한 새로운 흐름은 점점 더 뚜렷하게 나타나고 있다. 예를 들어 글로벌 무대에서 활약하며 뷰카 환경을 헤쳐나갈

**그림 2-4 세계화·정보화 사회에서
'뷰카'를 어떻게 다룰 것인가?**

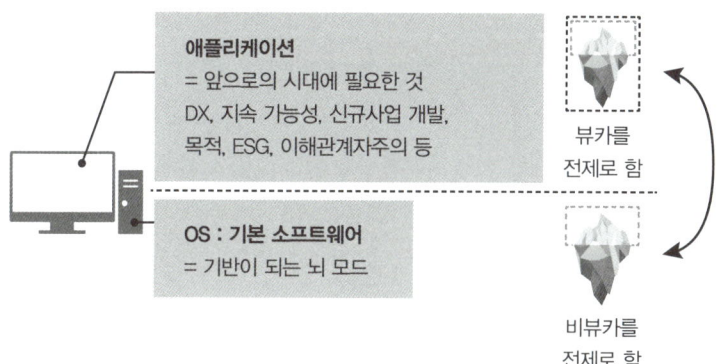

수 있는 인재를 기르자는 취지 아래, 탐구 기반 학습 등 비인지 능력을 강화하려는 교육적 시도가 활발히 진행된다. 또한 기업 활동에서도 '주주 중심주의'를 넘어 '다중 이해관계자stakeholder 중심주의', 그리고 조직의 퍼포스Purpose•를 명확히 설정하고 실현하려는 움직임이 주목받고 있다. 실제로 이러한 가치를 실천하는 조직이 더 높은 성과를 내고 있다는 연구 결과도 속속 발표되고 있다.

세계가 다시 뷰카 시대로 접어들고 있지만, 우리의 뇌는 여전히 비뷰카적 가상 세계의 방식에서 벗어나지 못하고 있다. 어떤 기반, 즉 운영 체제 위에 어떤 애플리케이션을 올릴 것인가가 중요한데,

---

• 퍼포스는 기업의 존재 이유이자 궁극적인 목적이며, 기업이 사회에 어떤 가치를 제공하고 싶은지, 해결하고 싶은 문제가 무엇인지 등을 보여주는 개념이다.

비유하자면 우리는 무의식적으로 기계론적 관점이 기본값인 운영 체제 위에, 의식적으로 전체론적 관점을 선택해야 하는 애플리케이션을 얹어 놓은 상태다. 결국 빙산의 윗부분만 다루는 비뷰카적 절전 모드에 머물러 있는 셈이다.

이처럼 운영 체제와 애플리케이션 사이에 큰 간극이 존재하기 때문에, 아무리 뛰어난 애플리케이션을 탑재해도 기본 OS를 뛰어넘어 제대로 기능하기는 어렵다.

수면 위와 아래를 나누어 대비하는 빙산 모델은 우리가 마주하는 거의 모든 현상에 숨어 있다. 이제 이 구조가 뇌의 사고방식과 어떻게 연결되는지 살펴보자. 예를 들어 기업 활동에서 흔히 말하는 '재무 정보'와 '비재무 정보'도 이 빙산 모델에 대입해서 이해하면 훨씬

그림 2-5 **기업 활동을 빙산 모델로 표현했을 때**

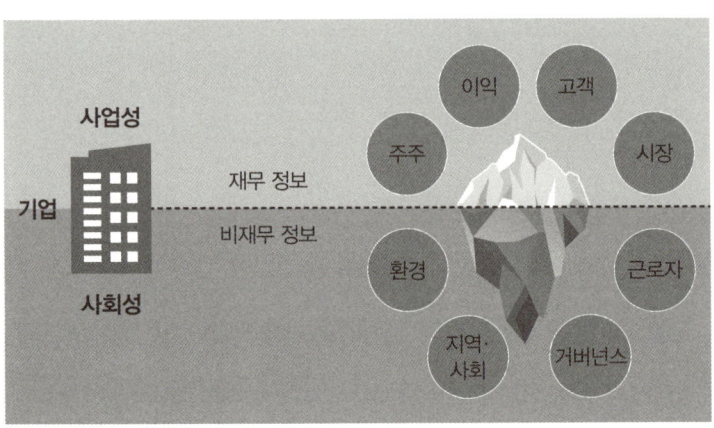

입체적으로 접근할 수 있다.

그동안은 매출, 이익, 주가와 같은 수치, 혹은 '영업 실적', '목표 관리'처럼 정량화가 쉬운 지표들이 중요하게 여겨졌다. 이는 기계론적 사고방식에 기반한 접근이다. 반면 최근에는 사람, 환경, 사회, 윤리처럼 기존의 재무 정보로는 포착되지 않았던 요소들, 그리고 일의 보람, 웰빙, 조직 문화처럼 수치로 표현하기 어려운, 빙산 아래에 존재하는 정성적 가치들의 중요성이 점점 부각되고 있다.

중요한 것들은 눈에 잘 보이지 않는다

실제로 SDGs로 대표되는 '지속 가능성'의 개념에서도 같은 구조를 찾아볼 수 있다.

잘 알려져 있듯이, SDGs는 유엔에서 채택한 '지속 가능한 개발 목표'를 말한다. '지속 가능한 사회'를 실현하기 위한 구체적인 지표로서 빈곤 종식이나 기아 해소 등 17개의 목표가 제시되어 있다. [그림 2-6]에서처럼, SDGs는 흔히 웨딩케이크 형태의 개념도로 표현되는데, 17개 목표를 정리해보면 경제를 가장 위층에 두고, 그 아래에 사회, 그리고 가장 아래에 자연환경이 자리한다. 이 모든 층을 관통하는 중심축으로는 협력의 필요성이 강조되고 있다.

이 웨딩케이크 모델은 요한 록스트룀 Johan Rockström 박사와 파반

그림 2-6 빙산 모델로 보는 SDGs

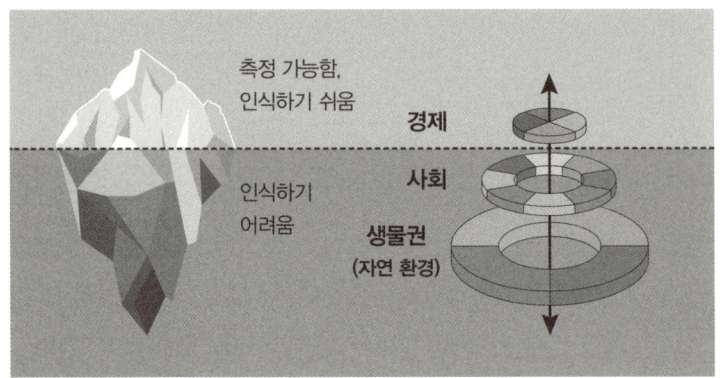

출처 : 요한 록스트룀

수크데브Pavan Sukhdev 박사가 제안한 개념이다. 환경 없이는 사회가 성립할 수 없고, 사회 없이는 경제 발전도 불가능하다는 사실을 시각적으로 보여주기 위해 이런 형태를 취하고 있다.

이는 바로 수면 위의 '경제 활동'만을 중심에 두고 기업 활동을 하는 과정에서, 공급망 주변에 존재하는 '사회적 과제'나 '환경'과의 상호관계를 간과해왔고, 그 결과로 발생한 문제의 뒷수습을 모두가 함께 해야 하는 상황과 겹친다.

기업 활동뿐만 아니라 교육 분야에서도 마찬가지다. 빙산 모델에서 수면 위에 있는 성적 등 수치로 표현하기 쉬운 '인지 능력' 대신, 그 범주에서는 다루기 어려웠지만 토대가 되는 수면 아래의 '비인지 능력'이 앞으로의 시대에 중요한 영역으로 강조된다.

그림 2-7 빙산 모델로 나타내는 차세대형 교육

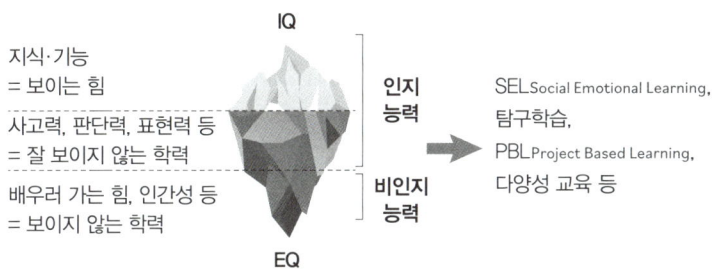

 정답이 있는 내용을 가르치는 기존 교육에서 벗어나, 이제는 내적 동기와 호기심을 바탕으로 정답이 없는 질문에 접근하는 '탐구'의 자세를 기르는 것이 중요하다는 인식이 확산되고 있다.

 이런 사례들을 보면, 빙산 모델을 적용할 때 우리가 모르는 사이에 수면 위에만 치우쳐온 '기계론적 관점'이 기존 여러 접근 방식의 토대가 되어왔다는 사실을 알 수 있다.

 '이대로는 안 된다', '무언가를 바꿔야 한다'는 위기감과 조급함에서 비롯된 온갖 표어 'SDGs', '퍼포스', '지속 가능성', '탐구 학습' 등과 같은 개념의 확산은, 우리가 수면 아래에 있는 요소들을 얼마나 방치해왔는지, 앞으로 어떻게 다루어야 하는지를 명확히 보여준다. 그리고 수면 위만을 다루어온 기계론적 관점의 편중, 비뷰카적 가상 세계와 기계론적 세계관에 대한 과도한 의존으로 인해 곳곳에서 여러 문제들이 터지고 있음을 인식해야 한다.

 그러나 뇌는 아무리 그 중요성을 인식해도, 절전 모드 상태에서는 빙산 아래의 요소들을 제대로 다루지 못한다. 힘든 일에 불필요한 에너지를 쓰고 싶어 하지 않으며, 애초에 수면 아래에 있는 것을 다루는 방법을 모르거나, 안다 해도 상상력과 창의력 등 별도의 에너지를 들이지 않으면 제대로 접근할 수 없다. 이러한 뇌의 습성이 과도하게 작용하는 상황에서, 기존의 방식으로 '보이지 않는 것들'을 인식하고 적절히 다루려는 시도가 얼마나 무모한 일인지 알 수 있다.

더욱이 기계론적 관점에 깊이 젖어 있는 뇌는 '수면 아래에 있는 요소들이 필요하다'는 사실조차 인식하지 못한다. 눈에 보이지 않는 것들, 때로는 수면 아래에 있으며 중요하다고 여겨지는 많은 것들은 자신의 이해나 상상력의 범위를 넘어서는 것이기에, 뇌는 그런 것들을 마주하면 다루고 싶어도 사고 자체가 멈춰버리는 경향이 있다.

기계론적 관점은 모든 것을 경직시키는 사고방식이다

뇌도 신체의 일부인 만큼, 원래는 우리의 의지에 따라 작동하는 것이 자연스러운 기관이다. 하지만 오랜 세월, 비록 그것이 가상적인 안정에 불과했다 해도 확고한 비뷰카 세계를 살아온 우리의 뇌는 사고 정지 상태에 빠져들었다. 그 결과 뇌는 매번 자동적으로 '뇌의 습관'을 발동시키고, 우리는 결국 '어차피 안 돼', '나는 별거 아니야', '이래야만 해'와 같은 편향된 사고를 반복한다. 이것이 바로 기계론

그림 2-8 기계론적 관점의 악순환

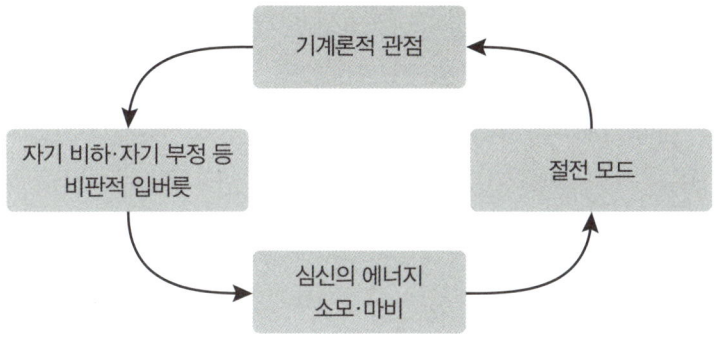

적 관점에 빠진 뇌의 무서운 점이다.

세상을 기계처럼 본다는 것은 자신을 부품의 하나로서 인식한다는 것을 의미한다. 부품은 있어도 그만, 없어도 그만이다. 부품이 망가지면 다른 부품으로 교체하면 되기 때문이다. 그렇게 되면 '잘 망가지지 않는 부품'과 '잘 망가지는 부품', 또는 '품질이 좋은 부품'과 '나쁜 부품'처럼 우열이 생긴다. 실제로 기계론적 세계관 아래에서 만들어진 가상 세계에서는 학교든 회사든 사람에게 우열을 매기는 것이 당연시된다. 그 결과 열등감이나 자기희생, 자기 부정 등 부정적인 시각에 빠지기 쉬워진다.

기계론적 관점에 빠진 뇌는 스스로를 '타인보다 열등한, 대체 가능한 부품'처럼 인식하는 경향이 있다. 이런 관점에 사로잡히면 자신을 공격하기 쉬워진다. 이 장의 서두에 제시된 다음과 같은 표현들은 기계론적 관점의 특징을 잘 드러낸다.

> "나 같은 사람은 할 수 없어."
>
> "어차피 안 돼."
>
> "그렇긴 하지만……."
>
> "이것도 없고 저것도 없어."

이런 말들을 무심코 입에 올리거나 속으로 되뇐 적이 있을 것이다. 여기서 '나 같은 사람은 없어도 괜찮아=대체 가능한 인간이 있다'고 생각하는 것은 기계론적 관점의 전형적인 특징이다.

여기까지 설명을 읽고 다시 이 장의 앞부분에 있는 체크리스트를 보면, 자신이 얼마나 기계론적 관점에 사로잡혀 있었는지 깨닫게 될 수도 있다. 그리고 이제는 이 내용을 좀 더 '나의 이야기'로 받아들이며 읽게 될 것이다.

이런 기계론적 관점의 환경에서는 개인의 작은 성공 경험조차 주변에서 인정받지 못하고, 점점 더 '나 같은 사람은……', '어차피……'와 같은 부정적 생각에 빠지게 된다. '내 능력이나 재능을 발휘할 수 있을 것'이라는 자신감이 부재한 환경에서는 기계론적 관점이 더욱 강화되기 쉽다. 그렇게 되면 점차 에너지가 소진되고 절전 모드에서 벗어날 수 없게 되며, 결국 생명체로서의 활력을 잃어가는 악순환에 빠져든다.

기계론적 관점이 초래하는 폐해는 다양하지만, 우리에게 가장 해로운 것은 기계론적 관점으로 인한 '판단적 judgmental' 시각이다.

'판단적'이라는 단어에 익숙하지 않은 사람도 많을 것이다. 이것은 어느 쪽이 좋은가/나쁜가, 우수한가/열등한가, 옳은가/그른가 등 사물에 우열을 매기고 판단을 내리는 태도를 뜻한다.

매사에 '척도'를 들이대는 이미지로, 다음 다섯 가지와 같은 사고방식을 대표적인 예로 꼽을 수 있다.

① 저 사람은 정규직(혹은 비정규직)이니까.
② 남자니까(여자니까).
③ 숙제를 해오는 아이는 훌륭하다.
④ 수업 중에 혼자 돌아다니는 아이는 잘못하는 것이다.
⑤ 앞으로의 시대는 이렇게 해야 한다.

우리는 무의식적으로 모든 사람과 사물, 사건에 꼬리표를 붙이며 판단하는 세상에서 살아가고 있다. 뇌는 불필요한 에너지 소모를 줄이기 위해 주변의 다양한 것들에 이름표를 붙여 일일이 판단하는 수고를 덜거나, 관리하기 쉽게 만든다. 뇌 입장에서는 일단 이름표를 붙여 단정하고 사고를 멈추면 에너지를 더 이상 쓰지 않아도 되므로, 이러한 단정적 사고가 훨씬 효율적인 선택인 셈이다.

그렇다면 이러한 판단적 상태에 무의식적으로 머물면 어떤 일이 벌어질까? 사물을 한 가지 측면에서만 바라보거나, 불필요하게 자신을 비하하고 열등감을 느끼게 되고, '다름'을 받아들이지 못해 공정하게 비교하지 못하게 된다. 그 결과 우월감이나 열등감이 자동으로 생겨나고, 판단적 사고는 몸과 마음을 서서히 좀먹는다. 점차 에너지가 고갈되고, 더 깊은 판단의 함정에 빠지게 된다.

최근에는 유전자의 DNA 염기서열이 변하지 않아도, 주어진 환경 등에 따라 후천적으로 유전자 발현 스위치가 달라지는 '에피제네틱스epigenetics'라는 메커니즘 연구가 활발하다. 에피제네틱스와 우울증의 관계도 밝혀지고 있으며, 마인드풀니스mindfulness(마음챙김)나 명상을 통해 에피제네틱스가 어떻게 변화하는지도 점차 밝혀지고 있다. 명상은 기계론적 관점에서 벗어나는 기술이기도 하다. 앞으로 기계론적 관점이 심신에 미치는 영향, 에피제네틱스와의 관계도 과학적으로 밝혀질 것으로 기대된다.

앞서 언급한 다섯 가지 예시나 이 장 앞부분의 체크리스트는 1장에서 설명한 '말버릇'이 있는 사람들에게도 공통적으로 나타나는 특징이다. 이는 무의식적이고 자동적으로 작동하는 뇌의 습관, 즉 기계론적 관점에 치우친 '특정한 뇌의 모드'에서 비롯된다. 이 모드에 빠지면 유연하고 평온하며 충족된 상태가 아니라, 늘 바쁘게 무언가에 쫓기고 여유가 없으며 자신과 타인에게 비판적인 태도를 보이게 된다.

이런 뇌의 모드와 습관은 정답이 없고 미래가 불확실한 뷰카 시대에 새로운 것을 창조하며 살아가는 데 브레이크를 거는 요소로 작용한다. 원하는 방향으로 가기 위해 액셀을 밟고 있는데도, 뇌가 무의식적으로 브레이크를 동시에 밟아 결국 아무것도 할 수 없는 교착 상태에 빠지게 되는 것이다.

  이렇게 되면 우리의 몸과 마음도 기계처럼 경직되고 뇌 역시 굳어버린다. 즉, 기계론적 관점은 모든 것을 경직시키는 사고방식이라 할 수 있다. 따라서 지금처럼 '앞으로'를 만들어가야 하는 시대일수록, 기계론적 관점에 굳어진 뇌에서 의식적으로 벗어나려는 노력이 필요하다.

'절전 모드'에서 '자가발전 모드'로의 전환

  인류는 오랜 시간 뷰카 시대를 살아왔기 때문에, 원래는 잘 알 수 없고 복잡하며 애매하고 예측 불가능한 것들에 대해 '그럴 수도 있지'라는 열린 마음을 가지고 있었다. 그리고 그 바탕 위에서 '내가 할 수 있는 일이 없을까?' 하며, 온몸과 온 마음으로 모험심을 발휘하는 자질도 갖추고 있었다. 적어도 농경 사회라는 비뷰카적 가상 세계를 의도적으로 만들어내기 전까지는 말이다.

  수렵과 채집 시대에는 '직감'이나 '야생의 감' 같은 것이 인간에게 아주 중요한 센서였다. 하지만 '눈에 보이는 것'을 우위에 두고 '눈에 보이지 않는 것'을 열등하게 여기는 기계론적 세계관의 뷰카 시대를 살아가면서 인간이 지녔던 '보이지 않는 것을 다루는 기술'은 점점 약해졌다.

그림 2-9 절전 모드와 자가발전 모드

절전 모드
OFF

자가발전 모드
ON

- '비뷰카'가 전제.
- '보이는 것'만 다루려 한다.
- '어떻게 하면 덜 힘들게 할까'를 항상 추구하며, 에너지 소비를 줄이려고 한다.
- 무의식적인 기계론적 관점을 불러온다.

= 피폐해지고 악순환에 빠지기 쉽다.

- '뷰카'가 전제.
- '보이는 것'과 '보이지 않는 것' 모두 다루려 한다.
- 적극적으로 몰입할 수 있고, 하면 할수록 힘이 솟는다.
- 의식적인 전체론적 관점에서 비롯된다.

= 본래의 힘을 끌어내는 선순환을 일으키기 쉽다.

다시 뷰카 시대가 도래한 지금, 우리는 빙산 아래에 있는 '인식하기 어려운 것들(불확실성, 모호함, 복잡함)을 '없는 것'으로 치부하지 않고, 자신의 의지로 다루는 기술을 되찾아야 하는 국면이 되었다.

그렇다면 빙산 아래 감춰진, 보이지 않는 요소들을 인식하고 효과적으로 다루기 위해 우리는 어떤 접근을 해야 할까? 그 해답은 기계론적 관점의 절전 모드가 아닌, 자가발전 모드에서 찾을 수 있다.

뷰카 시대를 살아가며 '앞으로'의 방향을 모색할 때, 우리는 삶의 주도권을 스스로 쥐기 위한 노력을 하게 된다. 이 과정에서 뇌는 절전 모드에서 벗어나 몰입과 에너지가 자연스럽게 솟아나는 자가발전 모드로 전환된다. 자가발전 모드에서는 에너지가 외부가 아닌 내면에서부터 생성되며, 에너지를 쏟을수록 오히려 활력을 얻는 선순환(즉, 몰입 상태)에 도달할 수 있다.

피로와 악순환을 초래하는 절전 모드와는 달리, 자가발전 모드는 본래의 잠재력을 끌어내는 긍정적인 순환을 형성한다.

먼저, '무자각 상태를 인식'함으로써 기계론적 관점을 내려놓기 시작하면, 자신만의 독자성과 창의성을 발휘할 수 있는 길이 열린다. 이 기반 위에서 일관되게 몰입하면 할수록 더욱 큰 힘이 솟는다. 이것이 바로 뇌가 절전 모드에서 자가발전 모드로 전환된 상태다.

[기계론적 관점이 무조건 나쁜 것은 아니다]

앞서 SDGs 웨딩케이크([그림 2-6] 참조)의 예에서 알 수 있듯이 우리 뇌는 뷰카 시대에서 '눈에 보이지 않는 것'을 다루어야 하는 과제에 직면해 있다. 하지만 비뷰카 환경에서 '보이는 것'을 중심으로 작동한 뇌는 최근의 급격한 사회 변화를 따라가지 못하고 있다. 게다가 뇌는 '보이지 않는 것'을 다루려면 많은 에너지가 소모되기 때문에, 이를 회피하려고 '보이지 않는 것'을 없는 셈 치며 넘기려는 경향이 있다.

이런 시대에는 '보이는 것'뿐만 아니라 그 이면에 존재하는 '보이지 않는 것'까지 포괄적으로 다룰 수 있는, 즉 빙산 전체를 받아들이고 다루는 '전체론적 관점'이 요구된다.

전체론적 관점은 기계론적 세계관과 생명론적 세계관을 상황에 따라 자유롭게 선택할 수 있는 '사고방식'을 가리킨다. 즉, 선택적이고 의식적으로 사물을 바라보는 눈을 기르는 것이며, 이것이 브레인 매니지먼트의 중요한 목표 중 하나다.

여기서 주의해야 할 점은 기계론적 관점이 반드시 나쁜 것만은 아니라는 사실이다. 기계론적 관점이 발전했던 시대에는 서로 다른 사람들이 힘을 합칠 수 있는 프레임워크와 시스템화 같은 획기적인 발명이 등장했다. 이런 프레임워크를 도구로 활용하면 업무를 훨씬 효율적으로 진행할 수 있다는 점은 분명히 주목할 만하다.

예를 들어 SDGs의 '빈곤을 없애자'라는 목표는 그 자체로는 추상적이고 막연하게 느껴져 행동으로 이어지기 어렵다. 하지만 그 목표를 실현하기 위해 단기적, 중기적, 장기적으로 각각의 단계마다 계획을 세우면, 막연했던 꿈이 실현 가능한 목표로 바뀐다.

이처럼 목표 달성을 위한 뼈대나 계획을 세우는 일은 기계론적 세계관에 적합한 분야다. '보이지 않는 것'을 존중하는 것만으로는 주체 의식이 약해지거나 큰 문제를 내 일처럼 받아들이기 어려울 수 있다. 이럴 때는 기계론적 세계관에서 나온 프레임워크를 적절히 활용할 필요가 있다.

이렇게 보면 단순히 '기계론적 관점에서 벗어나야 한다'가 아니라 '상황에 따라 뇌의 모드를 선택할 필요가 있다'는 결론에 도달한다.

거듭 강조하지만 나는 '기계론적 세계관이 나쁘다'고 말하려는 것이 아니다. 기계론적 세계관에서 만들어진 가상 세계가 있었기에 'A를 입력하면 B가 출력된다'는 효율적인 시스템과 구조가 가능했고, 공통의 미래를 그리며 힘을 합칠 수 있었다. 다만 기계론적 관점에만 치우치면 자연스럽게 '보이지 않는 것'이 소홀해지기 쉽다는 사실을 기억해야 한다는 것이다.

따라서 먼저 우리가 빠져 있는 '무의식의 함정', 즉 무의식적으로 발동하는 뇌의 습관을 인식하고 벗어남으로써, '보이는 것'과 '보이지 않는 것'을 모두 아우르는 전체론적 관점을 얻을 수 있다.

브레인 매니지먼트 역량이 향상되면, 의식적으로 기계론적 세계관과 생명론적 세계관을 오가며 두 관점을 자유롭게 활용할 수 있다. 그리고 뒤에서 다루겠지만 생산성 중심에서 벗어나 독자성과 창의성을 발휘하는 삶의 방식으로 변모한다.

3장

우리 뇌가 가진
7가지 무의식적 특성

브레인 매니지먼트의 목표는 무엇인가?

 이제 뇌를 '매니지먼트'해야 할 필요성과 그 배경이 어느 정도 보이기 시작했을 것이다.

 인류는 대규모 집단을 형성하면서 생산성과 효율성을 추구하기 위해 비뷰카인 가상 세계를 구축했다. 그리고 커진 뇌가 살아남기 위해 '어떻게 에너지를 덜 사용할 것인가'를 고민하다가 '절전 모드'라는 전략을 채택했다. 이 두 요소가 맞물려 기계론적 관점이 무의식적으로 발동하는 우리의 운영 체제가 형성되었다.

 그러나 비뷰카적 가상 세계는 이미 여기저기서 균열이 생기고 있으며 '역시 이 세계는 뷰카였구나'라는 외침이 터져 나온다. 뇌의 사용법을 단번에 바꿀 수 없지만 무의식적인 기계론적 관점에만 머물러서는 문제를 해결할 수 없다. 사람들이 겪는 삶의 어려움은 바로 이 간극에서 비롯된다.

이에 대응하기 위해 '뷰카를 전제로 한 접근'으로 단편적으로 창발적 커뮤니케이션이나 애자일agile● 방식의 프로젝트 진행, 탐구적 교육 등 다양한 시도가 확산되고 있지만, 뇌의 운영 체제를 의식적으로 전환하지 않는 한, 독자성과 창의성을 충분히 발휘할 수 없다는 딜레마가 남는다.

브레인 매니지먼트는 단순히 기계론적 관점을 전체론적 관점으로 전환하는 공식이 아님을 유의해야 한다. 앞서 언급했듯 '기계론적 관점이 나쁘니 이것만 벗어나면 된다'는 식의 단순한 접근이 아니다. 예를 들어 눈에 잘 보이지 않고 다루기 어려운 현상에 이름을 붙이거나, 프레임워크로 정리하고 구조화하는 일은 기계론적 관점의 강점을 의식적으로 활용하는 좋은 예다.

앞으로의 시대에 요구되는 것은, '무의식적으로' 기계론적 관점에 치우쳐 있던 상태에서 벗어나, 전체론적 관점을 기반으로 삼으면서 '의식적으로' 기계론적 관점도 활용하는 것이다. 즉 '무의식의 인식'을 통해 절전 모드 일변도였던 뇌를, 절전 모드와 자가발전 모드를 의도적으로 선택할 수 있는 상태로 만드는 것이 브레인 매니지먼트의 핵심 목표다.

- 변화하는 환경에 빠르게 적응하기 위해 개발 주기를 반복하고 소프트웨어의 품질을 향상시키는 방법론. 전통적인 폭포수 Waterfall 방식과 달리, 요구 사항을 초기에 완벽하게 정의하기보다는 개발 과정에서 지속적으로 개선해나간다.

그림 3-1 브레인 매니지먼트의 목표와 확장

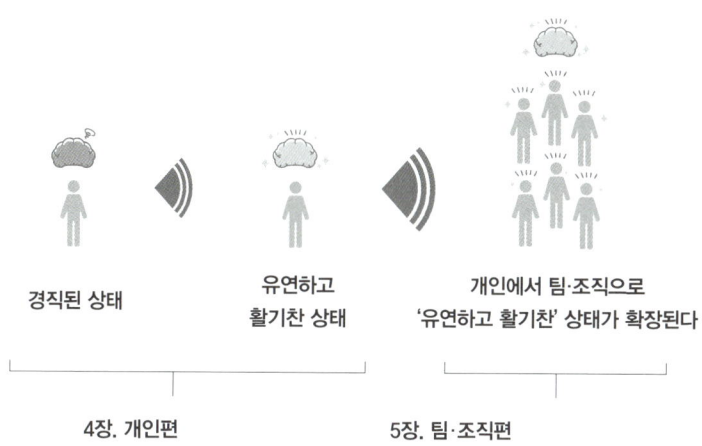

다만 '무의식적인 것'은 스스로 인식하지 못하기 때문에, 이것을 어떻게든 바꾼다는 것은 결코 쉽지 않다. 이를 위해서는 다음 장에서 다룰 '무의식의 인식' 기술과 훈련이 필요하다.

그전에 무의식적인 기계론적 관점에서 의식적인 전체론적 관점으로 전환되면 어떠한 변화가 일어나는지, '경직됨에서 생동감으로'라는 변화를 직관적으로 이해할 수 있는 '보조선'에 대해 먼저 생각해보자.

여기서 '경직됨'이란 무의식적인 기계론적 관점에 의해 생기는 경직되고 굳어진 인식이나 관계, 때로는 신체의 긴장 등을 일컫는 표현이다. 이런 점을 고려하면 무의식적인 기계론적 관점에 빠진 뇌를 '경직된 뇌'라고 불러도 좋을 것이다.

먼저 각자가 다각적인 유연함을 회복하고 더욱 생기 있고 활기찬 사고방식 속에서 '자신만의' 힘을 마음껏 발휘하는 모습을 상상해보자. 고정된 틀이 서서히 풀리며 점점 더 유연해지고, 그 안에 잠재된 본연의 힘이 자유롭게 흘러나오기 시작한다. 이 모든 과정을 '활기찬 방향'으로 이끄는 것이 바로 브레인 매니지먼트의 핵심이다.

이 장에서는 왜 기계론적 관점이 뇌를 경직시키는지, 어떻게 하면 생동감 있는 전체론적 관점을 회복할 수 있는지를 깊이 있게 탐구하기 위해 뇌의 일곱 가지 특성을 소개한다.

'애초에 뇌란 어떤 기관인가'라는 질문을 출발점으로 삼아, 이 일곱 가지 특성 혹은 그중 일부만으로도 당신의 '무의식의 인식'을 자극할 수 있다. 이를 통해 자동으로 발동되던 사고 습관을 자각하거나 그 틀을 벗어날 실마리를 발견하게 될 것이다. 브레인 매니지먼트가 말하는 '무의식의 인식'을 경험하게 되면, 사물을 보는 방식이 극적으로 바뀌고 지금 느끼는 답답함이나 무력감 속에서도 '내가 할 수 있는 일'이 보이기 시작한다. 그렇게 감정의 해소와 함께 진정한 변화가 시작된다.

뇌의 무의식적인 7가지 특성

뇌는 무의식적으로, 자신도 모르게 발동되는 습관이 있다. 이들 대부분은 '가능한 한 에너지를 덜 소모하려고' 하며 결과적으로 사람을 경직된 상태로 이끌곤 한다. 이 무의식적인 뇌에 대한 이해를 높이기 위해, 뇌가 본래 어떤 기관이고 어떤 작용을 하는지 살펴보자.

인지과학의 발전으로 뇌의 작동 방식에 대한 다양한 지식이 밝혀지고 있지만, 여기서는 보다 직관적으로 '무의식의 인식'에 활용할 수 있는 일곱 가지 뇌의 특성을 짚어보도록 하자.

① 모두 같으면서, 모두 각각 다르다.
② 마음과 몸의 에너지가 부족하면 뇌는 제대로 작동하지 않는다.
③ 모르는 사이에 절전을 위한 처리를 한다.
④ 주체성을 가질 때 퍼포먼스가 향상된다.
⑤ 관점의 전환, 언어·이미지, 스토리에 움직인다.
⑥ 신체성과 환경에 연동된다.
⑦ 주변과 공명한다.

이 일곱 가지 뇌의 특성을 하나씩 살펴보겠다.

1. 모두 같으면서, 모두 각각 다르다

뇌는 누구나 가지고 있는 기관이지만, 각자의 뇌가 지닌 특성은 매우 다양하다. 자폐스펙트럼장애나 ADHD(주의력결핍 과잉행동장애) 등 발달 장애의 유무와 관계없이, 모든 사람은 뇌의 다양성을 지니고 있으며, 이를 가리켜 '뉴로다이버시티neurodiversity(신경다양성)'라고 부른다. 이것은 개인마다 뇌와 신경에 기반한 다양한 특성의 차이를 인정하고, 사회 안에서 서로 존중하며 활용하자는 관점이다.

'누구나 똑같이 가지고 있는 기관'이라고 생각하면 이러한 (인지) 특성의 다양성을 인식하기 어렵고 '모두 같은 뇌'를 가지고 있는 것처럼 착각하기 쉽다. 이 책에서는 뇌의 기본 성질로서 모두가 공통적으로 가진 요소와 각자가 지닌 유일무이한 특성을 함께 다루며 이야기를 진행한다.

만약 이 뇌의 특성에 대해 무의식적으로 기계론적 관점에 머문다면, '보통'이라는 평균적 뇌의 기준을 만들어놓고 그와 비교해 열등감을 느끼거나 '다름'을 받아들이지 못해 '나는 별로야'라고 단정 짓는 함정에 빠질 수 있다.

반대로 이런 관점을 의식적으로 인식하고 활용한다면, 뇌가 누구에게나 있는 공통의 기관이라는 점에서 더 쉽게 공감대를 형성할 수 있고, 뉴로다이버시티라는 틀 안에서 '나만의 특성'을 발견하는 과정이 흥미롭게 다가올 수 있다.

이 책은 뇌과학의 관점에서 뇌 내 물질이나 뇌 부위 등 전문 용어를 일부러 최소화했다. 모두가 가진 도구로서의 '뇌'를 주제로 삼아,

사람과 조직의 활성화에 초점을 맞춘다. 누구나 가진 기관이기에 함께 실천할 수 있는 지혜로 나눌 수 있다. 반면에 각자가 '다르다'는 전제를 바탕으로 '나만의 힘'을 발견하고 발휘하는 데 도움이 되는 접근법으로서 브레인 매니지먼트를 제안한다.

2. 몸과 마음의 에너지가 부족하면 뇌는 제대로 작동하지 않는다

뇌는 생명 활동을 관장하는 기관이기 때문에 막대한 에너지가 필요하다. 앞서 언급했듯이 뇌는 우리 몸의 약 2퍼센트에 불과하지만 인간이 소비하는 전체 에너지의 20~25퍼센트를 소모한다.

같은 사람이라도 그때그때의 상태에 따라 뇌의 작동은 크게 달라진다. 예를 들어 부상을 입었거나, 병에 걸렸거나, 매우 충격적인 일을 겪은 후에는 뇌가 평소처럼 작동하지 않는다. 몸과 마음을 회복하기 위해 에너지가 사용되어, 뇌로 전달되는 에너지가 줄어들기 때문이다. 그 결과 시야가 좁아지고 사고력과 판단력이 저하되어 절전 모드가 된다. 즉, 무의식적인 기계론적 관점이 더욱 강화된다.

여기서 말하는 '에너지'는 생화학적·생물물리학적 관점의 세포 내 전기적 에너지, 진화생물학적 관점의 신체 에너지(칼로리), 심리학적 관점의 정신적 활력이나 의욕, 그리고 문화적으로는 '생명력(기, 프라나•)' 등 매우 폭넓은 개념을 포함한다. 하지만 이 책에서는 식사, 수

• 프라나 Prāṇa는 힌두 철학에서 모든 생명체를 존재하게 하는 힘을 뜻한다.

면 등 일상에서 순환하는 에너지, 피로나 스트레스, 의욕, 활력 등 인식 가능한 에너지 상태를 중심으로 다룬다.

앞서 언급한 '에너지가 떨어지면 절전 모드로 고정된다'는 것은 '모두에게 공통된 특성'이다. 반면 어떤 계기로 에너지가 떨어지는지, 에너지가 떨어지면 어떤 경향이 두드러지는지는 각자가 가진 고유한 특성이다. 무엇이 에너지를 소진시키고 어떤 반응이 나타나는지 파고들면, 그 사람만의 '특유의 것'이 보이기 시작한다.

만일 기계론적 관점에 치우쳐 '빙산 아래'를 인식하기 어렵고 자신의 상태조차 인식하기 힘든 '경직된 뇌'라면, 먼저 심신의 에너지 상태와 자신을 충분히 소중히 다루고 있는지 점검하는 것이 필요하다.

3장 이후에서 자세히 설명하겠지만, 기계론적 관점 자체가 자신과 주변의 심신 에너지를 빼앗아가는 측면도 있다. 몸과 마음의 에너지가 소모되면 기계론적 관점이 더욱 강화된다. 그 결과 판단적이고 경직된 사고가 심신의 에너지를 더욱 빼앗는 악순환에 빠지게 된다.

이처럼 마음과 몸의 에너지가 부족하면 뇌가 건강하게 작동하지 않는다는 사실을 무시하거나, 자신의 에너지 상태를 인식하지 못하면 모르는 사이에 악순환에 빠져 더욱 강한 기계론적 관점에 사로잡힌다. 그러면 '어쩔 수 없는' 상황에 대해 무력감을 느끼며 옴짝달싹 못 하는 일이 발생한다.

반면 이 사실을 의식적으로 활용하면 심신의 에너지 상태를 미리 관찰하고, 다양한 에너지 충전 방법을 일상적으로 실천하는 습관을 들일 수 있다. 수면과 식사 같은 기본적인 생활 습관은 물론, 자연과

접하는 기회를 늘리거나 자신만의 에너지 충전법을 찾아 의식적으로 실천하는 것도 좋은 방법이다. 자신의 에너지 상태를 인식하고 충전하는 구체적인 방법은 4장에서 더 자세히 다룰 예정이다.

3. 모르는 사이에 절전을 위한 처리를 한다

거듭 강조하지만, 뇌는 많은 에너지가 필요하므로 '에너지 소비를 어떻게든 줄이려는' 절전 모드를 기본으로 삼고 있다. 이 뇌의 절전 모드를 잠시 체험해볼 수 있는 예가 있다.

[그림 3-2]를 보면 격자 중앙에 검은 점(⊙)이 보일 것이다. 이제 시선을 오른쪽 위로 옮겨보자. 그곳에도 검은 점이 보일 것이다. 동

그림 3-2 ⊙는 어디에 있을까?

출처 : Ninio, J. & Stevens, K. A.(2000). Variations on the Hermann grid: an extnction illusion. Perception, 29, 1209-1217.

시에 처음에 보였던 중앙의 검은 점은 사라진 것처럼 보인다. 왼쪽 위, 왼쪽 아래, 오른쪽 아래로 시선을 옮길 때마다 검은 점이 나타났다 사라졌다 하며 깜빡이는 것처럼 느껴진다.

실제로 이 그림에는 9개의 검은 점이 있다. 하지만 모든 점을 동시에 보려고 하면 한눈에 보이지 않는다. 이처럼 뇌는 '(의식적으로) 보려고' 하는 것에만 초점을 맞추고 실제상을 인식한다. 그 외의 정보는 생략하거나 에너지를 쓰지 않으려 한다. 즉, 뇌는 방대한 정보를 순간순간 처리하면서, 의도적으로 보지 않는 것은 '생존과 관련이 적다'고 판단해 걸러내고, 의식에 올리지 않거나 아예 없는 것처럼 처리한다.

이 과정에서 망상활성계Reticular Activating System, RAS 필터가 작동해 '의식에 오르는 것'과 '의식에 오르지 않는 것'을 구분한다. 이렇게 뇌는 습관, 루틴, 선택적 주의집중 등을 통해 불필요한 에너지 낭비를 최소화하고 효율적으로 정보를 처리한다.

[그림 3-2]의 격자 무늬를 볼 때도 뇌의 이런 반응이 유사하게 드러난다. 뇌는 자신이 보려고 하는 위치에 있는 검은 점은 에너지를 써서 인식하지만, 주변의 검은 점들은 '격자 패턴이 계속 이어지니까, 그 패턴이 계속될 것'이라고 자의적으로 예측해 처리한다. 그래서 주의를 기울이지 않은 검은 점들은 '존재하지 않는 것'처럼 인식에서 사라진다.

시선을 옮겨 다른 검은 점을 의식적으로 바라보면, 원래 보고 있던 검은 점은 다시 격자 패턴 속에 묻혀 사라진다. 이처럼 단 몇 센

티미터 크기의 작은 그림 안에서도 뇌의 정보 선별이 일어나는 것을 보면 뇌의 절전 모드가 얼마나 강력한지 실감할 수 있다.

이제 앞서 본 격자 무늬를 다시 보며 [그림 3-3]처럼 그림 속 9개의 검은 점들을 원으로 둘러보자. 그러면 이전에는 한 번에 볼 수 없었던 검은 점들이 동시에 보이고, 눈의 피로나 번쩍거리는 느낌도 사라질 것이다.

격자의 반복 패턴을 '원'이 깨뜨리면, 뇌는 이것을 단순한 패턴이 아니라 불규칙한 것으로 인식해, 9개의 검은 점을 한 번에 볼 수 있게 된다. 이처럼 '평소와 같은' 인지 패턴을 벗어날 때, 뇌의 굳어진 인식에 변화가 일어난다.

그림 3-3 ⊙를 동그라미로 둘러싸면?

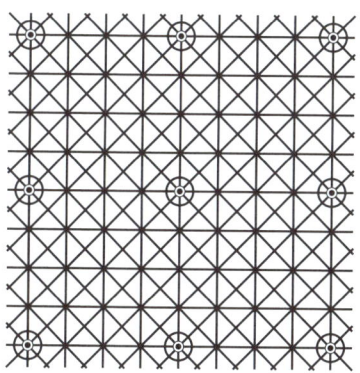

출처: Ninio, J. & Stevens, K. A.(2000). Variations on the Hermann grid: an extnction illusion. Perception, 29, 1209-1217.

무의식적으로 반복되는 '절전 모드' 덕분에 뇌는 많은 것을 생략하거나 단축 처리해 에너지 소비를 줄일 수 있다. 이런 처리 과정에서 다양한 '판단'이나 '편향'이 발생한다. 몇 가지 예를 살펴보자.

① 현상 유지 편향

뇌는 현재 상태를 유지해 에너지 소비를 줄이려는 항상성 homeostasis을 작동시킨다. 에너지를 절약하며 지낼 수 있는 '컴포트 존 comfort zone'에 머무르려 하고 별다른 생각 없이 반복하는 루틴, 즉 습관을 형성하는 것도 절전 모드가 우세하게 작용하고 있다는 증거다.

절전 모드에서 새로운 것을 받아들이려면 컴포트 존을 넘어서는 의지력, 다시 말해 에너지가 필요하다. 그래서 '이대로는 안 된다!', '변해야 한다!'는 위기감을 느껴도 뇌는 본질적으로 현재 상태에 머무르며 변화를 거부하는 성질을 지닌다.

② 판단적 사고

우리의 뇌는 사물이나 현상을 정형화하고 꼬리표를 붙임으로써, 개별적 차이를 세밀하게 다루는 데 에너지를 쓰지 않으려 한다. 또한 '어느 쪽이 더 좋은가(혹은 나쁜가)'와 같은 우열이나 서열을 매기려는 경향도 있다. 이는 비뷰카 세계의 특성으로서 상하관계나 상명하달의 구조가 판단, 사고, 어떤 합의나 평가에 관한 소통을 생략할 수 있기 때문이다.

'정답주의'도 판단적 사고의 한 형태다. 판단적 사고를 하는 뇌는

'정답이 있을 것이다', '정답이 더 낫다'는 전제를 자동으로 작동시켜 '정답'을 추구한다. 파생적으로 '맞는지 틀린지가 신경 쓰인다', '정답이라는 확신이 없으면 행동하지 못한다'와 같은 습관도 쉽게 나타난다.

③ 없는 것 찾기

절전 모드일 때 뇌는 자주 오류나 결점을 찾는 '없는 것 찾기' 습관이 발동한다. 이 경우, 자신에게 없는 것에 집착하며 '왜 나는 이게 없을까?', '왜 나는 안 되는 걸까?' 하고 자책하는 태도도 함께 나타난다.

시카고 대학교의 데이비드 쿠퍼David L. Cooper 박사 등은 이를 '결핍 접근법gap approach'이라고 명명했다. 이는 완전한 상태를 전제로 '부족한 것'을 찾아내는 방식으로, 가능성을 발견하려는 '긍정적 접근법positive approach'보다 상상력이나 창의력이 덜 필요해서 절전 모드의 뇌로도 쉽게 할 수 있는 방식이라는 점에 주목한 개념이다.

(이 책에서는 사물이나 감정에는 선악·우열이 존재하지 않는다는 비판단적 태도non-judgmental를 바탕으로 하기 때문에 '긍정적', '부정적' 같은 표현을 지양하고자 노력했다. 다만 '긍정적 접근법', '긍정심리학' 같은 명칭이나 '긍정적으로 여겨지기 쉬운……'과 같은 표현에 한해서는 이 단어를 사용한다.)

이 세 가지는 '편향bias(선입견)'이라고 불리는 것에 해당한다. 즉 뇌가 임의로 지름길(숏컷)을 만들어 정보 처리 과정을 생략하는 프로세스다. 세상에는 다양한 편향이 존재하지만 이 책에서는 그 내용까지 깊이 다루지는 않는다. 다만 이런 특성들이 결합된 결과 뇌는 '차이'를 다루는 데 서툴다는 점을 인식할 필요가 있다.

'차이=잘못'이라는 자동적 연상 때문에 정보를 중립적으로 받아들이기 어렵다. 이는 과거 동질성을 바탕으로 안전을 추구하던 시절의 흔적으로, '차이'를 '두려움'으로 인식해 회피하려는 방어 반응이 쉽게 일어난다. 모든 것의 '차이'에 주목하기 시작하면 끝이 없기 때문에 뇌는 자동으로 '차이를 없던 일'로 처리한다.

이런 경향 때문에 모든 '독자성'을 찾아내고 발휘하려는 행동에도 자연스럽게 제동이 걸린다.

뇌의 절전 모드는 새로운 것을 배우거나 낯선 곳에 가는 등 익숙하지 않은 상황에서 특히 강하게 작동한다. 이전에 없던 습관을 들이려 할 때 뇌는 예상보다 큰 부담을 느끼고, 이런 상황을 본능적으로 피하려 한다.

아마도 많은 사람이 '새로운 걸 해보고 싶다!'고 생각하면서도 실제로 행동으로 옮기지 못한 경험이 있을 것이다. 때로는 실행하지 못한 자신을 자책했을 수도 있다. 하지만 새로운 일에 도전하기 어려운 것, '없는 것'에 먼저 주목하게 되는 것, 그런 자신을 평가하거나 비난하게 되는 것 모두 뇌의 절전 모드에서 비롯된 자연스러운 반응임을 이해할 필요가 있다. 이는 기계론적 관점에서 보면 당연한 결과다.

이럴 때는 자신을 탓하기보다 '이것은 뇌의 반응일 뿐'이라는 사실을 인식하고 평가와 판단을 잠시 내려놓는 것이 중요하다. 그러고는 하려는 일을 뇌가 부담을 느끼지 않을 만큼 작은 단위로 쪼개거나, '할까 말까' 고민하는 데 드는 에너지를 줄이기 위해 자신의 의지를 언어로 표현하는 등, 절전 모드에서도 실천할 수 있는 다양한 방법을 시도해보자.

4. 주체성을 가질 때 퍼포먼스가 향상된다

앞서 언급한 바와 같이, 뇌간에 위치한 신경 네트워크인 망상활성계는 들어오는 정보 중에서 중요한 것을 의식으로 끌어올리는 역할을 한다. 망상활성계는 일종의 필터 역할을 하며 '자신(혹은 생존)과 관련이 있는가'를 기준으로 정보를 우선순위별로 걸러낸다.

그림 3-4 뇌의 필터(망상활성계)

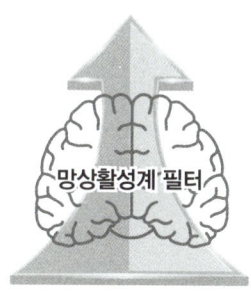

2,000비트/초

망상활성계 필터

200만 비트/초
※~4억 비트/초라는 설도 있다

즉 '자신과 관계 있는 것', '자기 일이라고 느껴지는 것', '스스로 관여할 수 있다고 느끼는 것' 등 주체성을 가질 수 있는 사안에 대해서는 망상활성계가 이를 의식으로 끌어올리고 성과에 영향을 준다. 이로 인해 더 깊이 몰입할 수 있고 내적 동기부여가 잘 이루어져 창의성과 책임감이 높아지는 등 여러 요소가 맞물려 놀라운 성과를 낼 수 있다.

반대로 주체성을 느끼지 못하고 '남의 일'처럼 느껴진다면, 해당 정보는 망상활성계가 의식으로 끌어올리지 않기 때문에 뇌의 퍼포먼스가 저하된다. 자신과 무슨 관련이 있는지 알 수 없는 일, 또는 도무지 자기 일처럼 느껴지지 않는 일에는 집중하거나 의욕이 일지 않는 것을 누구나 한 번쯤 경험해봤을 것이다.

결국 뇌의 절전 모드를 '자가발전 모드'로 전환하는 열쇠는 주체성에 달려 있다. 주체성을 갖고 자기 일처럼 느끼게 되기까지는 다음과 같은 단계적 조건들이 내포되어 있다.

- 자신과 관련이 있다고 느낄 수 있다.
- 자신이 관여할 여지가 있다.
- 자신이 관여함으로써 만들어낼 수 있는 차이나 의미를 발견할 수 있다.

이와 함께 주체성을 끌어내기 위한 설계는 다양한 요소를 고려해야 한다. 예를 들어 해당 과업에 대한 흥미나 관심, 이해하기 쉬운 목표 설정, 구체적인 이미지 형성, 스스로 결정하고 선택했다는 통제감, 그리고 과정의 공유 등이 포함된다.

하지만 무의식적인 절전 모드 상태에서는 단순히 '나와는 상관없는 일'이라는 당사자 의식의 결여나, '(관련이 있지만) 어차피 아무것도 할 수 없어'라는 무력감에 빠지기 쉽다. 애매함이나 복잡함 같은 뷰카적인 요소를 마주하면 '모르겠다', '어렵다'는 반응을 일으키고 남의 일처럼 느끼는 절전 모드가 작동한다. 그 결과 사고가 멈추거나 비판자로 전락하면서 경직된 태도만 심화된다.

이런 성향을 의식적으로 잘 활용하려면, 우선 자신의 주체성에 대해 깊이 이해하고 어떻게 하면 주체성을 끌어낼 수 있을지에 대한 다양한 시도를 해보는 것이 좋다. 4장에서는 이 주체성을 어떻게 풀어내고 활용할지에 대한 접근법을 소개한다.

5. 관점의 전환, 언어·이미지, 스토리에 움직인다

뇌는 다양한 자극에 영향을 받는다. 그중에서도 어떤 설정으로 대상을 인식하느냐 하는 '사물을 보는 관점'이나 '관점의 전환'에 크게 좌우되며, 이는 몸과 마음에도 영향을 미친다. 뇌 자체는 두개골 안에 들어 있어 직접 만지거나 작용을 가할 수는 없지만, [그림 3-5]에서 보듯이 뇌는 다양한 영역과 상호 작용하는 '허브' 역할을 하고 있다는 점을 의식할 필요가 있다.

'관점의 전환'은 어떤 사건이나 상황을 새로운 시각에서 바라보는

그림 3-5 뇌는 허브가 되어 다양한 영역과 상호 영향을 주고받는다

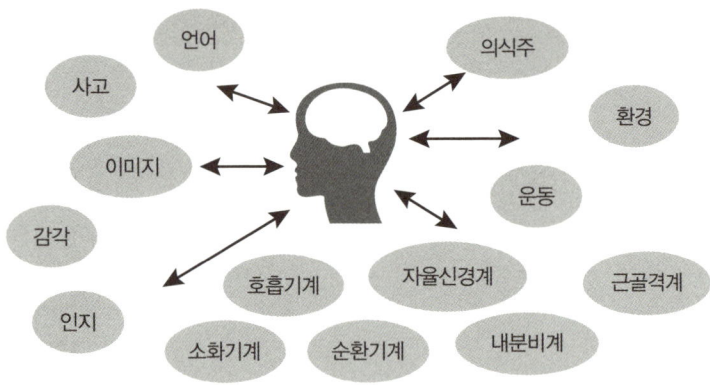

것이다. 예를 들어 어려운 과제를 '도전'으로 인식하면 스트레스가 아닌 성장의 기회로 받아들일 수 있다. 이렇게 관점이 바뀌면 원래 위협적이었던 과제에 대한 불안이나 두려움이 줄어들고, '어쩔 수 없다'는 무기력감 대신 '내가 할 수 있는 일이 있다'는 효능감이 생기며 심신의 상태에도 긍정적인 변화가 일어난다.

눈앞의 상황이 변하지 않더라도, 그것을 어떻게 바라보느냐에 따라 우리 몸과 마음의 반응이 달라질 수 있다는 뜻이다. 예를 들어 무대에서 긴장될 때, 관객을 어떤 다른 대상으로 생각하면서 긴장을 푸는 것도 '관점 전환'의 한 방법이다. 이처럼 뇌는 사물에 대한 관점이나 사용하는 언어에 따라 '허브' 역할을 하는 뇌에 의식적으로 변화를 줄 수 있다.

관점에 관한 이야기 중에 '컵에 든 물' 비유가 있다. 컵에 물이 반

그림 3-6 뇌는 이미지와 상상에 움직인다

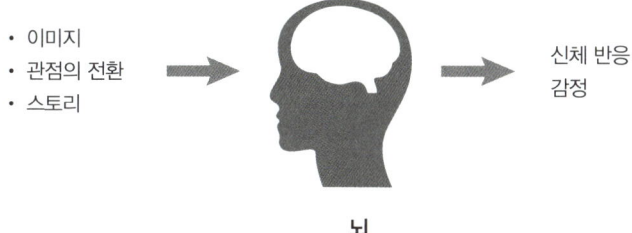

쯤 차 있을 때, '아직 반밖에 없다', '반이나 비어 있다'라고 생각할 수도 있고, '반이나 남았다', '반이나 채워져 있다'라고 생각할 수도 있다. 해석이 달라지면 결핍감 대신 감사함을 느끼게 되고, 이에 따라 감정과 스트레스, 신체 반응도 달라진다.

이와 비슷한 관점에 대해 미국 예일 대학교에서 흥미로운 연구가 있었다. 40세 남녀 700명을 대상으로 자신의 나이에 대해 '아직 마흔'이라고 느끼는 그룹과 '벌써 마흔'이라고 느끼는 그룹으로 나누어 각 그룹의 참가자들이 몇 살까지 살았는지 조사했다. 그 결과 전자가 후자보다 평균적으로 7.5년 더 산 것으로 나타났다.

이것은 나이가 들어가는 것을 긍정적으로 인식하느냐, 부정적으로 인식하느냐 하는 관점의 차이가 신체 상태에 큰 영향을 미친다는 것을 보여준다.

미국 스탠퍼드 대학교의 켈리 맥고니걸Kelly McGonigal 교수는 세계적인 베스트셀러 『스트레스의 힘The Upside of Stress』에서 스트레스 자체가 나쁜 것은 아니라고 지적한다.

사람들은 스트레스를 많이 받으면 짜증이 나거나 불안해지고, 불면이나 기분 저하, 두통이나 위장장애 등이 생긴다고 여긴다. 하지만 이는 무의식적으로 가지고 있는 고정관념일 뿐, 실제로 해로운 것은 스트레스 자체가 아니라 '스트레스는 몸에 해롭다'라는 믿음이다.

플라세보 효과도 이런 특성을 잘 보여준다. 밀가루 같은 가짜 약을 진짜 약이라고 믿고 먹었을 때 실제로 증상이 호전되는 반응을 플라세보라고 한다. 한 실험에서는 가짜 약을 먹은 사람 중 약 30퍼센트가 '약을 먹었으니 증상이 나아질 것'이라는 믿음 때문에 증상이 개선된 결과가 나타났다. 실제로는 약효 성분이 없지만 효과가 있다고 믿으면 정말로 효과가 나타날 정도로, 인간의 '사물을 바라보는 관점'은 영향력이 매우 크다.

이런 특성을 인식하지 못하면, 결핍에만 주목하고 어려움을 단순한 장애물로 받아들이며, 스트레스를 해로운 것으로만 인식하게 된다. 그 상태에서 스트레스를 받으면 '나는 아무것도 할 수 없다'는 무력감에 빠지면서 절전 모드를 넘어 심신이 더욱 힘들어질 수 있다.

그러나 이런 인식을 바꾸는 것만으로도 우리는 변화를 이끌어낼 수 있다. 사물을 바라보는 관점을 전환해 현재 가진 것에 초점을 맞추고 감사하는 마음을 갖는다면, 어려움을 성장과 학습의 기회로 받아들일 수 있다. 또한 스트레스 자체는 나쁜 영향을 주지 않는다는 사실을 인식함으로써 자신을 지킬 수 있다.

'내가 할 수 있는 일이 있다!'는 작은 성공 경험을 쌓아가면 어떤 위기도 기회로 바꿔 성장할 수 있다. 관점의 전환, 언어·이미지, 스토리 등을 적극적으로 활용해 의식적으로 자신의 영향력을 키워나가자.

6. 신체성과 환경에 연동된다

다섯 번째 뇌의 특성에서 뇌가 사물을 바라보는 내적 요인에 의해 영향을 받는 특성을 설명했는데, 뇌는 신체성이나 환경 같은 외적 요인과도 연동된다. 자세나 표정 등의 근골격계, 식사·운동·수면 등 생활 습관, 그리고 물리적으로 어떤 공간에 있는지와 같은 환경에 따라 뇌의 작용과 그에 따른 심신의 영향이 달라진다. 여기서는 이러한 외적 요인을 한데 묶어 소개하지만, '머릿속(내부)과 외부, 어느 쪽의 문제인가'로 구분하면 다섯 번째 뇌의 특성과의 차이를 더 쉽게 이해할 수 있다.

신체성의 한 예로 '자세'를 생각해보자. 등이 굽은 자세는 방어적 반응으로 우울한 기분을 유발하고, 불편함이나 호흡의 폭이 줄어드는 현상을 일으킨다. 반대로 가슴을 펴고 얼굴을 똑바로 들기만 해도 자신감이 생기고 주변에서도 그런 인상을 받으며 호흡이 깊어지고 시야가 넓어진다.

환경의 예로는, 녹지나 바다, 햇빛 등 자연에 접할 때 본래 생명체로서의 활력이 살아나고 근육의 긴장이 풀리거나 심박수가 안정되어 스트레스가 줄어드는 효과가 있다.

실내에서도 관엽식물이나 생화를 두면 이와 비슷한 효과를 누릴 수 있다. 무엇보다 환경에 대해서는 정리나 청소 등 스스로 쾌적한 공간을 만들었다는 자기 효능감을 높이는 효과도 빼놓을 수 없다. 관엽식물이나 생화도 단순히 남이 관리해주는 것이 아니라 '자신의 공간'이라는 소유감을 느낄 수 있는 곳에서 직접 물을 주는 등 돌보며 관여할 때, 내 기분이나 컨디션에 미치는 영향이 더욱 커지는 것으로 알려져 있다.

이러한 외적 요인의 영향을 인식하지 못한 채 지내면, 자신도 모르게 자세나 시야에 들어오는 것들, 환경 등에 휘둘릴 수 있다. 알지 못하는 사이에 자신의 에너지를 소모하는 환경에 머물거나, 전신 기능이 활성화되지 않는 자세나 운동 부족 상태로 자신을 가둬버릴 수도 있다.

반대로 이 특성을 의식적으로 활용하면 사고를 바꾸는 것보다 훨씬 더 단순하고 쉬운 행동을 통해 자신감을 느끼며, 본래의 능력치를 전방위로 발휘할 수 있다. 다음 장에서 다룰 에너지 충전 접근법에서도 외적 요인과의 관계를 의식적으로 활용하는 방법을 소개하고 있다.

7. 주변과 공명한다

일곱 번째로 소개할 특성은 우리가 혼자서 완결된 존재가 아니라 주변 사람이나 환경과 함께 서로 영향을 주고받으며 공명한다는 점이다. 이 공명의 원리를 체감하기 위해 예시로 제시된 [그림 3-7]을 보자.

겨우 다섯 개의 선이지만, 사람들은 대부분 이 그림을 풀이 죽은

그림 3-7 무엇으로 보이나요?   **그림 3-8** 무엇으로 보이나요?

얼굴로 인식할 것이다. 인간은 얼굴을 인식하고 표정을 읽어내는 능력이 매우 뛰어나기 때문에 단순한 선 몇 개만으로도 얼굴로 인식할 수 있다.

이번에는 [그림 3-8]을 살펴보자. 선이 세 개밖에 없는데도 미소 짓는 얼굴로 보인다. 앞서 본 시무룩한 얼굴 그림과 비교하면서 자신의 내면에서 어떤 변화가 일어나는지 충분히 느껴보자. 어쩌면 표정이 부드러워지거나 가슴이 따뜻해지거나 기분이 좋아질 것이다.

우리는 상대방이 슬퍼 보이는 표정을 지으면, 자신도 모르게 함께 슬퍼진다. 반대로 상대방이 기쁘게 웃고 있으면 덩달아 미소를 짓거나 마음이 들뜬다. 뇌는 무의식적으로 '상대의 표정을 따라 하려는' 성향을 가지고 있다.

실제로 찡그린 얼굴이나 무표정, 차가운 표정을 짓는 사람들 사이에 있으면, 혼자만 웃기가 어렵다. 어느새 나도 비슷하게 찡그린 얼굴을 하게 된다. 반대로 주변이 웃고 있으면 나도 자연스럽게 미소를 짓게 된다.

이 현상은 뇌에 '거울신경세포 mirror neuron'라는 신경세포가 있기 때문이다. 거울신경세포는 타인의 행동을 보기만 해도 마치 자신이 그 행동을 하는 것처럼 뇌에서 활성화되는 신경세포다. 즉, 뇌는 자신과 타인을 완전히 분리하지 못하고 주변 사람들과 공명하며 때로는 동조하는 특성을 지닌다.

앞서 여섯 번째 뇌의 특성에서 언급한 바와 같이, 외적 환경과 밀접하게 연결된 뇌는 주변과 상호 영향을 주고받는다. 어떤 장소에 있느냐에 따라 자신의 상태가 달라지며 함께 있는 사람이 누구냐에 따라서도 변화가 생긴다.

예를 들어 회의 중 누군가가 "이건 어렵네요"라고 말하면, 주변 사람들도 덩달아 "그래요, 어려워요"라고 동조하는 상황을 경험한 적이 있을 것이다. 또 누군가가 어려우니까 못하겠다고 말하면, '맞아, 어렵지', '못하겠네, 어쩌지?'라는 식으로 생산성이 저하되는 결론이 나오는 회의도 흔하다. 이는 상대의 뇌에 끌려가는 상태이자 기계론적 관점과 같은 사고방식이 주변에 전파되어 서로 강화되는 현상이다.

또한 사람들은 일반적으로 타인에게는 너그러우면서 자신에게는 엄격한 사람에게 좋은 인상을 받는다. 이런 유형의 사람은 '나는 아직 멀었다', '나는 이것이 부족하다', '이걸 잘 못한다'와 같은 말을 자주 사용한다.

그런데 주변에 이런 사람이 있다면 주의해야 한다. 이런 말은 '나는 아직 부족하니까 더 발전해야 한다'는 향상심의 표현일 수 있지만, 뇌는 그 말이 누구를 향한 것이든 상관없이 들은 사람에게도 영향을 미치는 경향이 있다. 그 대상이 자신이 아니어도 '나는 아직 멀었다', '나는 이것이 부족하다, 이걸 잘하지 못한다'는 판단적 시선을 무의식적으로 받아들이기 때문이다.

따라서 무의식적인 기계론적 관점은 그런 관점으로 세상을 바라보는 당사자뿐만 아니라, 그 언행을 접한 주변 사람들에게도 생각보다 큰 영향을 미친다. 서로의 에너지를 소모하게 되고, 판단과 비판이 섞인 언행이 탁구공처럼 오가며 무의미한 기계론적 관점의 응수로 이어질 수 있다.

반면 이 특성을 의식적으로 긍정적으로 활용할 수도 있다. 무의식적인 비판이 반복되는 환경에서도, 단 한 사람이라도 의식적으로 전체론적 관점에서 비판 없는 시선과 언어를 건넨다면 그 사람을 기점으로 주변과 공간 전체에 긍정적인 변화가 확산될 수 있다. 그때 '경직된 에너지'는 '생동감 있는 흐름'으로 바뀐다.

이는 곧 개인이 브레인 매니지먼트를 실천하면 그 영향이 주변, 조직, 나아가 사회 전체로 확산될 수 있음을 보여준다. 개인이 할 수 있는 실천법은 4장에서, 팀이나 조직에 적용하는 방법은 5장에서 다룰 예정이다.

브레인 매니지먼트를 통해
'고유한 힘'을 발휘하는 세계로

앞에서 언급한 일곱 가지는 우리가 평소에는 의식하지 못하는 뇌의 특성으로, 일상에서는 크게 신경 쓰지 않았던 사람들도 많았을 것이다. 하지만 이렇게 다시 정리해보면, 의도적으로 뇌를 관리하지 않을 때 얼마나 뇌의 습관에 휘둘리고 그 영향력이 큰지 새삼 놀라게 된다.

실제로 우리가 살아갈 수 있는 것도 뇌가 알아서 작동하기 때문이니 뇌의 자동화된 작용이 반드시 나쁘다고만 할 수는 없다. 그리고 뇌는 계속 진화하고 있으므로 앞으로 더 긍정적으로 변화할 가능성도 충분하다. 다만 뇌의 구조적 진화는 일정한 조건에서 수만 년에 걸쳐 이루어지기 때문에, 앞으로 환경 변화가 더욱 심해질 미래에는 뇌 자체가 쉽게 변하기 어렵다고 볼 수 있다.

최근에는 인간의 뇌에 AI 칩을 이식하는 등 혁신적인 시도도 이루어지고 있지만, 앞서 언급한 일곱 가지 뇌의 특성은 여전히 원칙적으로 작동한다. 오히려 이러한 원칙을 바탕으로 새로운 기술을 어떻게 활용할지에 대한 고민이 더욱 중요해졌다. 결국 뇌의 특성을 이해하고 이를 내 편으로 만드는 것이 앞으로의 시대에 핵심적인 전략이 될 것이다.

브레인 매니지먼트 방법은 매우 다양하지만, 4장부터는 이 일곱 가지 뇌의 특성을 바탕으로 실천적인 접근법을 제시한다. 프롤로그에서도 밝혔듯이 브레인 매니지먼트는 단순히 생산성 향상만을 목표로 하지 않는다. 개인의 집중력, 시간, 노력, 지식과 기술을 효율적으로 활용하는 기계론적 관점을 넘어, 모든 것이 불확실하고 모호한 뷰카 시대에 누구도 대체할 수 없는 존재로서 각자의 '고유한 힘'과 독자성·창의성을 발휘하는 세상을 만들어가는 것을 지향한다.

개인, 가족, 직장 등 어떤 조직이든 유연하고 생기 넘치는 상태란 구성원 각자가 자신의 고유한 역량을 마음껏 발휘하는 모습일 것이다. 지금부터는 '경직된 상태에서 생동감 넘치는 상태로' 나아가는 브레인 매니지먼트의 구체적인 접근법을 함께 살펴보겠다.

4장

기본적인 브레인 매니지먼트
: 개인이 변한다

개인을 변화시키는
3단계 브레인 매니지먼트

뇌를 내 편으로 만들고, 무의식적인 기계론적 관점에 의식적으로 대처하려면 어떻게 해야 할까? 이 질문에 답하기 위해 드디어 브레인 매니지먼트의 실천적 접근을 다룬다.

브레인 매니지먼트는 경직된 인식과 관계를 넘어 유연한 변화의 과정을 거치며 생동감 있는 존재로 나아가는 여정이다. 이 변화의 방향성은 개인의 변화에서 시작해 타인과의 소통과 협업이라는 '대인관계'의 영역으로 확장된다. 나아가 사람들이 함께 공간과 시간을 공유하는 회의나 모임(장소 만들기에서 팀 빌딩), 조직, 커뮤니티, 사회 전체로까지 범위를 확장시킬 수 있다. 모든 변화는 단 한 사람으로부터 시작된다. 한 개인의 변화가 결국 더 큰 흐름을 이끌어내는 출

그림 4-1 개인의 브레인 매니지먼트 3단계

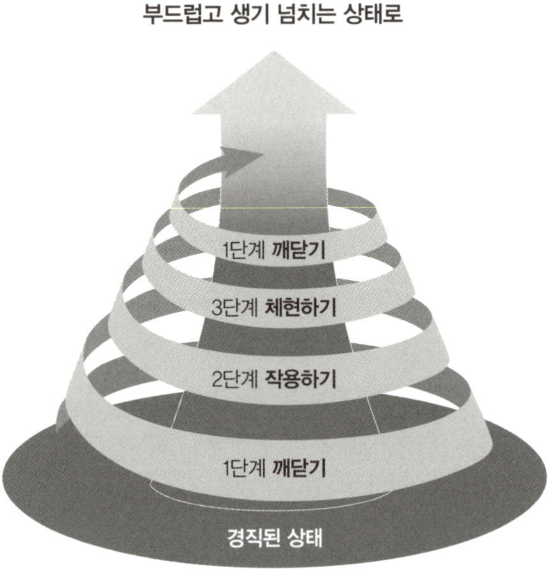

부드럽고 생기 넘치는 상태로

1단계 깨닫기
3단계 체현하기
2단계 작용하기
1단계 깨닫기

경직된 상태

개인 차원의 브레인 매니지먼트 접근법 중 1단계인 '깨닫기'는 2단계인 '작용하기'의 기반이 되며, 그 위에 3단계인 '체현하기'가 놓인다. 또한 3단계에 이르면 새로운 '깨달음'이 생기면서, 1~3단계의 과정을 나선형으로 반복하며 더욱 깊이 있게 발전한다.

발점이 되는 것이다.

이 장에서는 먼저 개인의 뇌 운영 체제를 전환하는 브레인 매니지먼트 실천법을 소개한다. 각자에게 맞는 접근법은 다를 수 있고, 같은 사람이라도 상황에 따라 다양한 방법이 필요하다. 여기서는 누구나 공통적으로 활용할 수 있는 기본 3단계를 짚어본다.

각 단계에서 제시하는 접근법 중에는 다른 곳에서 들어본 적이 있거나 이미 알고 있는 내용도 있을 수 있다. 하지만 그렇게 생각하면서 읽어나가면 3장에서 설명한 세 번째 '뇌의 특성'처럼 '무의식 중에 절전 모드로 처리하는' 습관에 휩쓸릴 수 있다.

실제로 '아, 이건 아는 내용이네!'라고 생각하는 순간 뇌의 '절전 모드' 스위치가 켜지는 경우가 많다. 뇌의 유연함을 잃지 않으려면 그래도 새로운 발견이 있을 거라는 마음가짐으로 접근하는 것이 좋다.

여기서는 생산성이나 효율성보다 개인의 독자성과 창의성을 발휘하기 위한 브레인 매니지먼트를 다룬다. 우선 기본적인 3단계를 확인해보자.

1단계 : 깨닫기
'무의식의 인식'을 통해 자동적으로 발동되는 뇌의 습관을 이해하고 자신의 내면을 더 세밀하게 들여다본다.

2단계 : 작용하기
자신의 사고 습관을 인식한 후에는 자신을 바람직한 상태로 이끌기 위해 적절한 행동이나 변화를 시도한다.

3단계 : 체현하기
사물에 주체성을 가지고 현실을 창조해나가며 진정성을 발휘한다.

위의 3단계를 통해 '이대로는 안 되겠다'며 변화를 갈망하는 이들, 혹은 '바꾸고 싶지만 어차피 안 될 것'이라며 포기했던 사람들 모두 현재 상황을 타개하기 위해 뇌의 운영 체제를 전환하는 '브레인 매니지먼트'가 필요하다. 이를 위해 누구에게나 적용할 수 있는 3단계를 하나씩 살펴보고자 한다. 조금이라도 실천을 시작하면 그동안 놓치고 있던 신호를 인식하게 되고, 애초에 시도하려 했던 일들을 다시 생각해볼 수 있다. 비록 눈앞의 풍경은 그대로일지라도, 자기 효능감을 회복하고 생생한 반응을 경험하며 본래의 힘을 되찾을 수 있다.

[지금 당장 할 수 있는 것부터 시작하자]

우리는 태어날 때부터 무의식적으로 기계론적 관점에 노출되어 살아왔기 때문에, '뇌의 운영 체제를 한 번에 바꿔야지!'라고 생각하면 막막함을 느끼는 경우가 많다. 이는 앞 장에서 설명한 '현상 유지를 위한 항상성'이 작동하기 때문이다. 그래서 먼저 굳어진 뇌에 자극을 주고 견고한 벽을 하나씩 허물기 위한 '준비 운동'이 필요하다. 본격적으로 3단계 실천에 들어가기 전에, 지금 당장 할 수 있는 두 가지 액션 워크를 통해 뇌를 말랑말랑하게 만들어주자.

1. '있는 것 찾기'를 해본다

앞장에서는 매초 200만(혹은 4억) 비트의 정보 중 약 1/1,000(매초 2,000비트)만을 의식에 전달하는 망상활성계 필터의 역할과, 뇌가 절전 모드일 때 '없는 것 찾기'에 집중하기 쉽다는 점을 다뤘다(81쪽 참조). 이를 바꾸려면 '이게 없다/저게 없다'에서 '이게 있다/저게 있다'로 전환을 시도하는 것이 효과적이다.

예를 들어 지금 이 순간을 떠올리며 '책을 읽을 시간과 에너지가 있다', '마음 놓고 살 수 있는 집이 있다', '있는 것을 알아차릴 수 있는 관찰력이 있다'처럼, 나에게 있는 것이 무엇인지 하나하나 떠올려보자. 머릿속으로 세어봐도 좋고, 기억에 오래 남도록 노트에 직접 적어보는 것도 좋다.

이 작업은 자연스럽게 '고마움'과 '감사'의 감정으로 이어지며, 뇌를 유연하고 생기 있게 만드는 데 실질적인 도움이 된다.

2. 평소와 다른 경험을 해본다

거듭 말하지만, 뇌가 절전 모드에 빠지면, '평소와 같은' 행동을 반사적으로 반복하게 된다. 이때 '평소와 같은' 일상에 스스로 갇혀 있다는 사실을 인식할 수 있다면 의식적으로 새로운 선택으로 바꾸는 것도 가능하다.

예를 들어 통학·통근 경로를 바꿔보거나, 오른손잡이라면 왼손을 사용해보는 것, 평소 가지 않던 장소에 가거나 새로운 음식을 시도해보는 것, 어울리지 않는다고 생각해서 옷장에 모셔놨던 옷을 꺼내

입거나 읽지 않던 책을 펼쳐보는 것 등, 평소와 다른 행동을 의식적으로 선택하고 그 경험을 즐기는 것도 굳은 뇌를 풀어주는 데 큰 도움이 된다.

이 두 가지 활동조차도 해볼 생각이 들지 않을 정도로 귀찮거나, 해보고 싶어도 실행력과 의지가 따로 논다고 느낀다면 주의가 필요하다. 마음이나 몸이 약해졌거나 많이 지쳐 있을 수 있기 때문이다. 자신이 소진되거나 고갈된 느낌이 든다면 그것은 '에너지 충전'이 필요하다는 신호다. 이 장 마지막에 에너지 충전을 위한 일상생활의 팁을 정리했으니 할 수 있는 것부터 시도해보길 바란다.

이 두 가지 준비 운동이 증상 완화에 가까운 워크라면 지금부터 소개하는 3단계는 보다 근본적인 체질 개선, 즉 뇌의 운영 체제 전환을 목표로 하는 접근이다. 하나씩 살펴보자.

[
1단계 : 깨닫기
― 4가지 프레임워크
]

첫 번째 단계는 '깨닫기'로, 이를 통해 '무의식의 인식' 범위와 깊이에 대한 해상도를 높여간다. 이를 자기 인식 self-awareness이라고도 하며 최근 주목받는 '마인드풀니스'와 '메타인지'도 '깨닫기'를 위한 접근법이다. 우리는 대부분 외부 자극에 주의를 집중하며 정작 자기 자신에게 주의를 기울이는 데 익숙하지 않다. '자신이 제일 모른다'는 말이 있을 정도다.

또한 '깨닫기'는 모든 '차이'와 '차이점'을 인식하고 다루는 과정이기도 하다. 그러나 뇌가 절전 모드일 때는 다음과 같은 불리한 습관이 발동한다.

- '차이'를 발견하면 즉시 우열이나 좋고 나쁨을 판단하려 든다.
- '차이'를 실수, 부적절함, 오류로 자동 변환해 객관적으로 다루기 어려워진다.
- '차이' 중에서도 숫자나 말로 표현하기 힘든 복잡한 다양성은 아예 '없던 일'로 치부한다.

이처럼 뇌의 자동화된 습관은 '깨달음'을 방해하는 주요 요인으로 작용한다. 하지만 이런 무의식적 반응을 인식하고 넘어설 때, 특히 자신에 대한 모든 것에 '깨달음'을 얻으면 자기 자신을 깊이 이해할 수 있게 된다. 이후에 소개할 도구들을 활용해 자신이 '없었던 일'로 치부했던 내면의 진심과 감정을 마주하면, 자신에게 향하는 시선이 '자기 수용'으로 변하면서 섣불리 자신을 판단하지 않고 '고유한 힘을 발휘하기 쉬운 상태'에 이를 수 있다.

그렇다면 어떤 대상에 '깨달음'을 얻는 것이 이 첫걸음에 도움이 될까? 뇌는 광범위한 영역을 포괄하므로 몇 가지 프레임을 사용해

그림 4-2 인식의 포인트

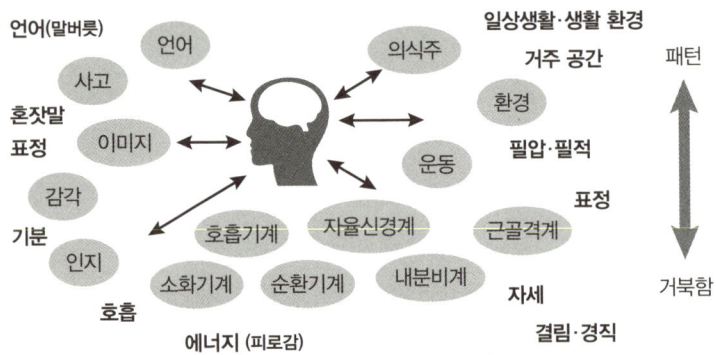

다양한 종류의 깨달음을 얻는 것이 중요하다. 경직됨에서 유연함, 생기 넘침과 같은 큰 척도를 옆에 두고, 지금 이 순간 자신이 어떤 상태인지 의식적으로 인식하는 폭을 넓혀가야 한다.

구체적으로는 신체 감각, 자세, 표정, 감정, 에너지 상태, 말버릇, 사고 패턴, 환경 인식, 의욕 등 다양한 분야에 '깨달음'의 영역이 펼쳐져 있다. 다양한 깨달음을 통해 자신에 대한 이해를 깊게 할 수 있다면, 다음 단계인 '작용하기'에서 '무엇을 어떻게 작용해야 할지'에 대한 시야를 얻을 수 있다. 즉 '깨달음'은 이후 '작용하기'의 토대가 되는 단계다.

때로는 이 단계에서 자신이 지쳐 있거나 에너지가 고갈된 상태임을 깨닫기도 할 것이다. 에너지는 모든 접근에 필수적이므로, 부족한 경우 충전이 필요하다. 이에 대해서는 이 장 마지막에서 이야기하겠다.

다시 한번 자신을 돌아보자. 당신은 무엇을 얼마나 깨달았는가? 통증이나 열감 같은 감각, 자세, 몸의 긴장, 배고픔이나 피로 정도 등 감각적인 부분은 비교적 쉽게 인식할 수 있다. 하지만 말버릇, 감정, 사고, 고정관념, 가치관 등 내면의 세계로 들어갈수록 깨닫기 어렵고 다루기 힘든 것들이 늘어난다.

이에 우선 감각을 포함한 신체라는 '그릇'에 대해 깨달음부터 시작하는 것이 좋다.

자세와 표정은 감정이나 사고와 밀접하게 연동되어 있다. 만약 자세나 표정이 굳어 있고 경직되어 있다면 무의식적으로 시야가 좁아지거나 유연한 사고가 어려워지는 변화를 겪게 된다. 따라서 평소 자세와 표정을 얼마나 부드럽고 밝게 유지하는지가 중요하다.

하지만 자신의 자세와 표정은 일부러 거울을 보지 않는 한 평소에는 잘 확인할 수 없다. 그래서 자세나 표정이 굳어 있다는 사실을 깨닫지 못해 나쁜 습관이 된 경우도 적지 않다.

다음 사항에 한 번 주의를 기울여보자.

자세 등이 굽어 있다.
자세 앉을 때 몸을 앞으로 숙이거나, 반대로 등받이에 기댄다.
표정 입꼬리가 처져 있다.
표정 미간을 찌푸리거나 이마에 주름이 잡혀 있다.

표정 고개를 푹 숙이고 스마트폰만 본다.

자세와 표정에 대한 무의식적인 습관을 인식하지 못한 채 지내면, 자신도 모르는 사이에 같은 행동을 반복하고 고정화되어 그것이 일상이 되어버린다. 이렇게 뿌리내린 자세와 표정 습관은 기분을 가라앉히거나 컨디션을 저하시키는 등 부정적인 영향을 미친다. 이런 상태가 반복되면 뇌의 '절전 모드'가 가속화되고, 기계론적 관점이 강화되어 에너지가 소모되는 악순환이 이어진다.

이것은 한 가지 예일 뿐이지만 이런 신체적 측면, 특히 근골격계에 대한 무의식적인 인식은 비교적 쉬운 편이며, 브레인 매니지먼트의 첫 단계가 된다.

1. '자극과 반응' 모델

여기서 한 걸음 더 나아가, 감정, 사고, 고정관념, 가치관 등 내면을 인식하는 데 도움이 되는 보조선, 즉 어시스트가 될 만한 접근법을 소개하겠다. 바로 '자극과 반응' 모델이라는 프레임워크다.

우리는 매일 무의식적으로 수많은 반응을 하면서 살아간다. 앞서 언급한 감정, 자세, 말버릇 등도 모두 그 반응의 한 형태다. 이 반응들을 하나씩 들여다보면, 대부분 어떤 자극을 계기로 거의 즉각적이고 자동적으로 일어난다는 사실을 알 수 있다.

이때 자신이 어떤 자극에 어떻게 반응하는지 관찰하는 것이 중요

그림 4-3 자신의 '업다운'에 주목한다

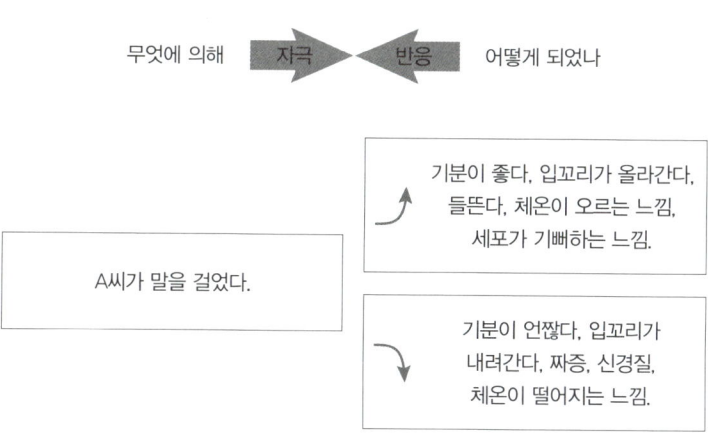

하다. 이 프레임워크를 활용해 자신의 내면에서 일어나는 반응을 객관적으로 바라보는 과정이 바로 '메타인지'다. 반복되는 반응 패턴과 그에 따른 감정, 생각, 말버릇 등을 관찰하다 보면, 자신이 지닌 가치관이나 고정관념 등 내면을 더 깊이 이해할 수 있게 된다.

 '자극'에는 사람의 말, 표정, 행동 같은 일상적인 사건이나 환경, 상황 등이 포함된다. 자극을 받고 나서 일어나는 '○○은 ○○임에 틀림없다'와 같은 해석이나, 그에 따른 감정과 감각이 '반응'에 해당한다. 예를 들어 '저 사람이 말을 걸면 짜증이 난다'는 경우, '저 사람이 말을 건다'가 자극이고 '짜증이 난다'가 반응이다. 만약 자극과 반응을 구분하는 인식의 폭이 좁다면, '저 사람이 말을 걸면 나는 항상 짜증이 난다. 그래서 저 사람이 싫다'처럼 자신의 반응에 이름표를 붙이거나 단순히 개인적인 호불호로 연결 짓기 쉽다.

이 상황을 한 걸음 떨어져 관찰해보면, '저 사람이 이렇게 말했다'는 사실(자극)에 대해 '나를 비난하는 것처럼 느껴져서 화가 났다'는 것은 내 해석에 따른 반응임을 알 수 있다. 이렇게 자극과 반응을 분리해 바라보면, '화가 난다' 외에도 다른 해석이나 반응을 자신의 의지로 선택할 수 있다는 점을 깨닫게 된다.

이 '자극과 반응'의 구조를 이해하는 순간, 자극과 반응 사이에 '틈'이 생긴다. 자극에 즉각적으로 반응하지 않고 의도적으로 그 틈을 만들어줌으로써 뇌의 습관적 자동 반응이 발동되는 것을 억제할 수 있다.

그림 4-4 자신의 '자극과 반응'을 관찰한다

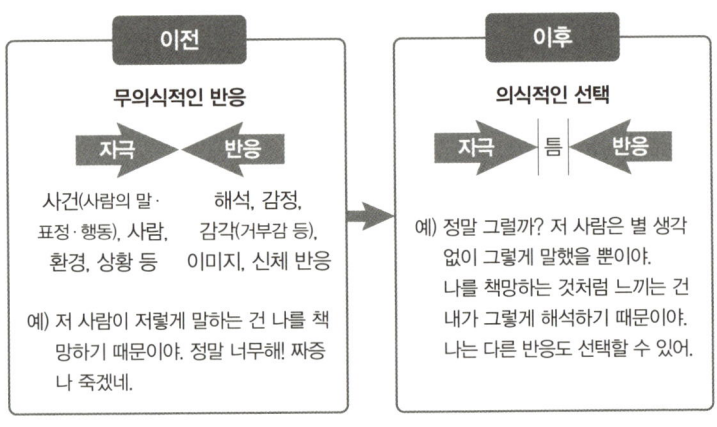

이렇게 하면 이전에는 '이런 말을 들으면 화가 난다', '이런 태도를 보면 짜증이 난다' 등 무의식적으로 반응하던 자극에 대해 다른 반응을 의식적으로 선택할 수 있게 되고, 지금까지 당연하게 여겼던 반응에 대해서도 '정말 그럴까?'라고 자문할 수 있다.

이처럼 자신에게 일어난 반응과 그 이면에 있는 자극과의 관계에 주목해 '깨달음'을 얻으면, 이전에는 선택지에 없었던 새로운 '반응'을 택할 수도 있다. 이렇게 반응을 의식적으로 선택할 수 있게 되면 인생이 크게 달라진다([그림 4-5] 참조).

한 번 이 '틈'을 만들 수 있게 되면, 그다음부터는 훨씬 쉬워진다. 예를 들어 자전거를 처음 탈 때는 시간이 오래 걸리지만 한 번 배우고 나면 무의식적으로 탈 수 있고 오히려 못 타는 게 더 어려워지는

그림 4-5 자극과 반응 사이에 틈을 만든다

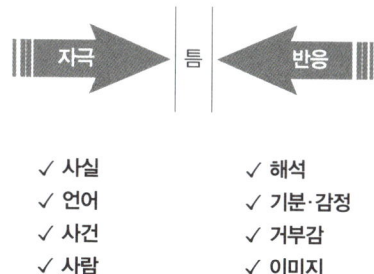

것과 같다. 이와 마찬가지로 한 번 '틈을 만드는 법'을 익히면, 그다음부터는 자연스럽고 쉽게 실천할 수 있게 된다.

2. ABC 이론 모델

또한 '우리의 반응으로 나타나는 행동의 배경에는 어떤 신념이나 사고방식이 자리하고 있다'는 점을 설명하는 개념으로, 인지행동 치료에서 비롯된 'ABC 이론'이 있다.

ABC 이론에서 A는 '사건Activating event', C는 '결과Consequence'를 의미하며, 이 둘 사이에 B, 즉 '신념Belief'이 개입된다고 본다. B는 '~

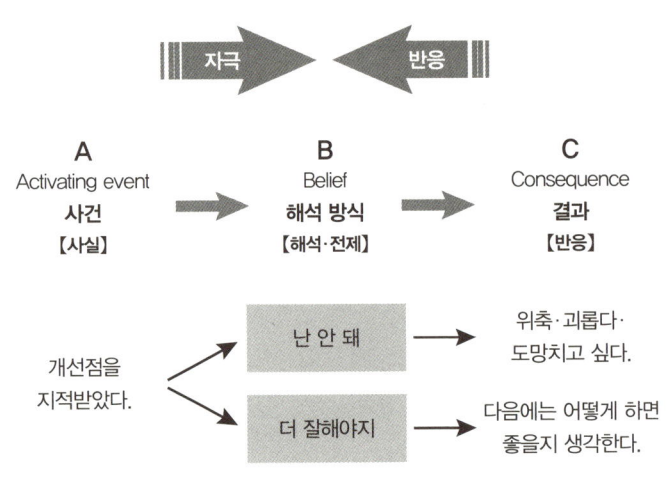

그림 4-6 **ABC 이론 모델**

※인지 행동 요법의 핵심 실천 이론 중 하나

해야 한다', '~하지 않으면 안 된다', '~하는 것이 당연하다'와 같은 해석, 신념, 전제를 가리킨다. 같은 사건이 일어나도, 그 배경에 어떤 해석이나 신념, 전제, 정의를 갖고 있느냐에 따라 결과가 달라진다.

즉, '자극과 반응' 모델을 더 깊이 들여다보면 'A 사실·사건'과 'C 반응' 사이에 거의 즉각적으로 작동하는 'B 해석·신념·고정관념'이 있음을 알 수 있고, 이를 인식하는 것이 무의식적인 반복 패턴에서 벗어나는 실마리가 된다.

우선 '자극과 반응' 프레임워크로 자신을 돌아보고, 익숙해지면 한 걸음 더 나아가 'ABC 이론'을 활용해 자신이 가진 고정관념을 파악해보자. 자신의 내면에서 일어나는 생각과 감정을 읽어내는 연습은 계속 이어진다. 꼭 도전해보길 바란다.

3. 저널링

다음으로 '저널링Journaling'이라는 작업을 소개한다. 이는 '뇌 속의 언어'에 주목하는 접근법이다. 우리가 실제로 입 밖으로 내는 말은, 뇌에서 만들어지는 수많은 언어 중 극히 일부에 불과하다. 실제로 말로 표현하는 것보다 훨씬 더 다양한 생각과 언어가 뇌 안을 오가지만, 이들은 대부분 무의식적으로 스쳐 지나가기에 인식되지 못한다.

뇌에는 어떤 행동을 할 때 그것이 좋은지 나쁜지, 옳은지 그른지 등을 판단하는 '검열자'가 존재한다. 이 검열자는 일종의 '내면의 비평가'로, 기계론적 관점이 강한 사람일수록 그 영향력이 크다. 예를 들어 '이런 걸 해봐야 소용없어', '어차피 실패할 거야', '남들과 다르게 하는 건 틀린 거야'와 같은 생각이 대표적이다.

판단적 사고에서 벗어나고 싶을 때 가장 큰 장애물이 바로 이 검열자다. 기계론적 관점이나 무의식적인 판단성은 자신의 내면에 자리한 검열자에 의한 자기 검열에서 비롯된다. 앞으로 나아가고 싶어도 잘 되지 않는 이유 역시 뇌의 검열자가 제동을 걸고 있기 때문이다.

머릿속의 말을 인식하는 데 효과적인 방법이 바로 저널링이다. 저널링은 머릿속에 떠오르는 생각을 그대로 종이에 써 내려가는 작업으로, '뇌의 실시간 중계'라고 할 수 있다. 이를 '셀프 토크 채터(뇌의 속삭임)'라고도 부른다. 저널링을 통해 머릿속의 언어와 실제로 자신이 무엇을 생각하는지를 가시화할 수 있으며, 이는 자기 인식을 높이고 심신의 건강을 회복하는 마음챙김 실천법으로도 널리 활용된다. 비즈니스 현장이나 예술가들 사이에서도 창의성을 발휘하고, 명확한 답이 없는 상황에서 새로운 아이디어를 찾는 데 도움이 되는 기법으로 주목받고 있다.

저널링의 효과는 여러 책에서 언급되고 있다. 베스트셀러인 줄리아 캐머런Julia Cameron의 『아티스트 웨이The Artist's Way』에서는 '모닝 페이지'라는 이름으로 아침에 5~10분 동안 머릿속에 떠오르는 말을 자유롭게 써보라고 권장한다. 이는 저널링과 같은 방식이다. 또 피터 엘보Peter Elbow의 『글쓰기를 배우지 않기Writing Without Teachers』에서도 머릿속 검열자를 잠재우는 쓰기 방법을 다루고 있다. 이 책에서 엘보는 글쓰기에 제동이 걸리는 사람들에게 어떻게 그 브레이크를 해제할 수 있는지 안내하며 모닝 페이지처럼 '수정하지 말고 전부 쓸 것'을 강조한다.

저널링을 하면 머릿속의 모든 목소리가 마치 실시간 중계처럼 밖으로 드러난다. 이렇게 의식적으로 자기 머릿속 목소리를 써 내려가다 보면 점차 뇌가 피로해진다. 처음에는 뇌 안의 검열자가 비판적인 말을 하지만 시간이 지남에 따라 그 목소리는 점점 잦아든다. 결국 '나는 원래 무엇을 하고 싶었나'와 같이 검열자에게 눌려 있던 속마음이 밖으로 드러나고, '깨닫게' 된다.

여기서 저널링의 구체적인 방법을 살펴보자.

① 머릿속에 떠오르는 모든 것을 무조건 노트에 적는다(※ 글의 구성이나 논리, 오타, 맞춤법 등은 전혀 신경 쓰지 않아도 된다).

② 내용 중 사실에는 직선을, 해석에는 물결선을 그어 구분한다.

우선 머릿속이나 마음속에 있는 모든 것을 눈앞의 노트에 적는다. 아무 일도 없을 때보다, 짜증이 나거나 화가 났을 때 등 평정심이 아닐 때가 오히려 더 잘 쏟아낼 수 있다. 남에게 보여줄 것이 아니니 자유롭게 써보자.

만약 손이 멈춘다면 일단 '무엇을 써야 할지 모르겠다'라고 써보자. 머릿속과 마음속의 말이 노트 위의 글과 점점 동기화되는 것을 느낄 수 있을 것이다.

작성한 결과를 살펴보면 대체로 '사실'과 '해석'으로 분류할 수 있다. 예를 들어 '분노로 손이 떨렸다'는 것은 사실이다. 반면 '저 사람은 항상 기분 나쁜 말을 해서 주변 사람을 곤란하게 만드니 모두가 싫어한다'라는 것은 해석이다.

작성한 내용을 사실(직선)과 해석(물결선)으로 분류해보면, '이게 과연 사실일까?', '내가 임의로 그렇게 해석하는 건 아닐까?' 하고 객관적인 시점에서 차분히 생각할 수 있다. 그러면 '그때 굳이 저렇게 반응할 필요는 없었구나', '이런 식으로 말할 수도 있었겠구나' 하고 자신의 행동에서 개선점을 발견하고 앞으로의 행동을 바꿀 수 있게 된다.

저널링에는 뇌라는 컴퓨터의 CPU가 비는 효과도 있다. 뇌에 쌓여 있던 말을 쏟아내면 복잡해졌던 뇌의 메모리를 정리할 수 있다. 그리고 메모리가 비면 또 새로운 정보가 들어온다.

저널링에서 중요한 것은 자신이 짜증을 느끼거나, 거북함이나 이유 모를 중압감을 경험할 때 그 상태를 있는 그대로 인식하고 받아들이는 것이다. 기계론적 관점의 뇌는 쉽게 '좋다/나쁘다'로 자신을 판단하기 때문에, 있는 그대로를 수용하는 전체론적 관점을 의식적으로 지향해야 한다. 이러한 '있는 그대로의 수용'은 뒤에서 다룰 '비판단'과도 통하며, 인간에게 매우 중요한 역량이다.

아쉽게도 일본의 비즈니스 현장에서는 이 스킬이 충분히 중시되지 않는다. 기업 연수 등에서 저널링을 권장하지만, 실제로 도입된 사례는 드물다. 이는 저널링이 개인적인 영역을 깊이 다루기 때문이기도 하다. 조직은 인간의 집합체이기에 감정적 충돌이 불가피하다. 하지만 저널링을 통해 자신의 감정을 시각화하고, '내가 짜증을 느끼는 건 이런 패턴일 때구나'처럼 그 요인과 구조를 파악하면, 자연스럽게 짜증이 발동되는 빈도를 줄이고 더 바람직한 행동으로 이어질 수 있다.

우리 뇌는 '짜증'이라는 감정이 일어났을 때, 그 원인을 논리적으로 분석하기보다는 즉각적으로 감정을 유발한 대상을 싫어하게 하는 경향이 있다. 예컨대, '저 사람이 날 짜증나게 했다'는 인식이 곧바로 '그래서 그 사람이 싫다'는 감정으로 이어지고, 나아가 상대의 인격 전체를 부정적으로 판단해버린다. 즉 '자신의 반응'과 '상대의 인격'을 뒤섞어서 받아들이는 것이다. 그런 상태에서는 상대의 좋은 점을 보는 것이 불가능하다.

이럴 때 저널링을 통해 '짜증이 났다'는 사실을 분해하고, 원인과 결과, 자극과 반응을 세밀하게 살펴보면 다음과 같이 분석할 수 있다.

① 나는 A씨가 싫고, A씨가 말을 걸면 짜증이 난다.
② 왜 A씨가 싫을까?
③ A씨는 늘 내가 불편해하는 부분을 건드린다.
④ 왜 항상 내가 불편한 부분을 지적할까? 내가 '불편해하는 부분'은 무엇일까?
⑤ 그것은 보고를 소홀히 하는 나의 행동이다. 이전에 A씨에게 보고를 누락해 지적받은 일이 있었고, 이후 A씨는 내 업무를 유독 세심히 확인하게 되었다. 나는 그 상황이 불편해 A씨와 말을 섞지 않으려 했고, 그로 인해 보고를 또 미루게 되었으며, 결국 다시 지적을 받게 되었다.

이렇게 세밀하게 분석하다 보면, 짜증을 내는 이유가 단순히 'A씨가 싫어서'가 아니라, '내가 제대로 보고하지 못한 것'에 대한 죄책감이 근본적인 원인임을 알 수 있다. 이 점을 이해하면 A씨에게 적절히 보고하는 행동을 통해 불필요한 지적을 줄이고, '말을 걸면 짜증이 난다'는 무의식적으로 반복하던 패턴을 끊어낼 수 있다.

동시에 저널링을 통해 자신이 평소에 중요하게 생각하는 가치관이나 집착을 발견할 수도 있다. 결국 중요한 것은 머릿속이나 마음속의 목소리를 무시하지 않고 시각화하고 인식하면서 다루는 재미를 느껴보는 것이다.

4. 네 방향 모델

'깨달음' 단계에서 또 하나 중요한 것은 '방향'이다. 자신의 상태에서 '앞으로 내밀기(전진)', '뒤로 물러나기(후퇴)', '올라가기(상승)', '내려가기(하강)'라는 네 가지 방향을 발견하면 더 효과적이다.

'자극과 반응' 프레임워크와도 연관되지만, 자신에게 일어난 신체적 반응 중에는 대체로 '앞으로 내밀기/뒤로 물러나기', '올라가기(상승)인지/내려가기(하강)인지'의 네 가지 방향으로 구분할 수 있는 것들이 있다. 전자는 주체성에 대한 시사점을 얻을 수 있는 부분이고, 후자는 '에너지'와 관련된 부분이다.

이 방향에 주목하면 경직되었는지 아니면 유연한지에 대한 깨달음, '무의식의 인식'을 더욱 촉진할 수 있다. 이를 통해 다음 단계인 '작용하기'가 가능해진다.

그림 4-7 네 방향 모델

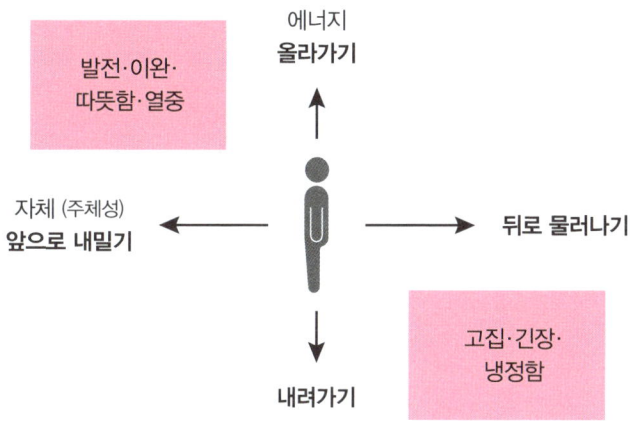

주체성에 관한 깨달음

앞으로 내밀고 있을 때는 사물을 '내 일'로 받아들이고 당사자 의식을 가진 상태다. 반대로 뒤로 물러나 있을 때는 '남의 일'로 여기는 비평가적 상태다.

주체성은 자신의 생존에 관련된 것을 가장 우선순위로 놓는 망상활성계의 기능이기도 하다. 또한 다음 단계인 '작용'에서는 망상활성계의 초점을 바꾸는 '언어 사용'이나 '질문'을 활용하면 주체성도 관리할 수 있다. 자세한 내용은 5장에서 대인 소통에 대해 설명하며 자세히 다루겠다.

주체성에는 두 가지 종류가 있는데, '공동의 주체성'과 '개별적 주체성'이다. 전자는 나뿐 아니라 많은 사람이 공통적으로 앞으로 내밀 수 있는 것으로 타인과 공유할 수 있는 주체성이다. 후자는 나만 앞으로 내밀 수 있는 것으로 그 사람만의 개별적 주체성이다.

예를 들어 일의 과정을 공유하면 내 일로 여기기 쉬워지고 애착도 생긴다는 '프로세스 이코노미Process Economy'의 원칙은 '공동의 주체성'을 끌어낸다. 반면 '나는 이 스포츠 선수의 플레이를 좋아해', 혹은 '이러이러한 순간에 뛰어오를 만큼 기분이 좋아진다'와 같은 특정 취향은 '개별적 주체성'에 의한 것이다.

이 주체성의 두 분류를 이해해두면 자신만의 특징을 파악할 수 있다. 그리고 그것을 세 번째 단계인 '체현하기'에 활용할 수 있다. 또한 5장에서 다룰 팀·조직의 브레인 매니지먼트도 더욱 원활하게 수행할 수 있다.

에너지에 관한 '깨달음'

올라가 있을 때는 설렘이나 들뜸을 느끼며 체온이 상승하는 등 말 그대로 '업up'된 상태다. 이는 에너지가 충만한 상태이기도 하다. 반면 내려갈 때는 에너지가 부족한 상태다.

'이걸 하면 내 상태가 좋아진다'는 일종의 '자기 사용설명서'가 많아질수록 뒤에서 설명할 에너지 충전에도 활용할 수 있다.

'깨달음'의 포인트 — 비판단적 태도

이처럼 자신 안의 다양한 상태를 의식적으로 '깨닫다' 보면, 때로는 남몰래 속으로 욕을 하거나, 하지 말아야 할 줄 알면서도 같은 행동을 반복하고 후회하는 자신의 모습을 마주하게 된다. 특히 우리는 '짜증'이나 '불편함' 같은 감정을 부정적으로 여겨, 이를 없었던 일로 치부하거나 애써 회피하려는 경향이 있다.

하지만 '또 그렇게 해버렸네', '또 쉽게 판단해버렸어'라며 자신을 책망하는 태도 역시 무시할 수 없는 영향을 미친다. '쉽게 판단하지 말아야 한다'는 결국 또 다른 판단의 형태이며, 이처럼 판단하지 않으려는 시도조차 '비판단적으로 행동하지 못한 자신'을 비판하는 새로운 판단으로 이어질 수 있다. 이러한 무의식적 자기 비판의 반복을 '이차 판단'이라 부른다.

자신을 책망하는 습관은 1차든 2차든, 감정과 몸의 에너지를 지속적으로 소모하게 만든다.

중요한 것은 단순히 '판단하지 말아야지'라고 억누르는 것이 아니라, 어떤 형태든 자신 안에서 일어나는 무의식적인 판단의 흐름을 있는 그대로 받아들이는 것이다. 하지만 판단이 습관이 된 기계론적 관점의 경우, 이 함정을 벗어나기가 쉽지 않다.

기계론적 관점 상태의 뇌는 사물에 대해 쉽게 판단을 내리고, '이렇게 해야 한다', '이래야만 한다', '이건 좋다/나쁘다'와 같은 사고를 반복한다. 이로 인해 뇌는 우리를 기계 부품처럼 '대체 가능한 존재'로 취급하며, 인간의 개성, 주체성, 고유성, 창의성을 억누른다.

무엇인가를 단정하거나 '좋다/나쁘다'로 우열을 가르거나 비난하는 '판단적 태도'를 멈추고, 비판단적으로 접근하는 것이 브레인 매니지먼트와 개인의 고유한 능력을 발휘하는 데 매우 중요하다.

2단계 : 작용하기
— 5가지 플러스알파 프레임워크

'깨닫기' 다음으로 이어지는 단계는 '작용하기'다. 이 단계에서는 가치관이나 고정관념 등 자신에 대한 이해를 바탕으로, 바람직한 방향으로 나아가기 위한 실제 행동을 시도하게 된다. 앞서 '깨닫기'에서 주목했던 자세, 표정, 호흡, 감정, 에너지, 언어, 사고, 환경 등은 모두 무의식의 인식 이후 작용을 통해 변화시킬 수 있는 부분들이다.

무엇보다 이 과정에서는 '아무것도 할 수 없다'는 무력감에서 벗어나, '깨달으면 바꿀 수 있다'는 믿음이 생긴다. 그리고 작은 행동 하나가 '내가 할 수 있는 일이 있다'는 신호가 되어 자기 효능감과 에너지를 북돋아준다.

이 단계에서도 앞서 언급한 일곱 가지 뇌의 특성을 바탕으로, 경직된 뇌에서 유연하고 생기 넘치는 뇌로 변화하는 과정을 중심에 두고자 한다. 이제 다섯 가지 '변화를 위한 작용'을 통해 구체적인 실천 방법을 함께 살펴보자.

1. 말투를 바꾼다

자신의 말버릇이나 말투를 포함해, 뇌 속의 언어를 살펴보면 그 사고가 판단적인지 아닌지를 어느 정도 파악할 수 있다. 누구나 고유한 말버릇을 가지고 있지만, 정작 자신은 이를 잘 인식하지 못하는 경우가 많다. 우선 자신이 평소에 어떤 말투를 쓰는지 의식해보는 것이 중요하다. 특히 주의 깊게 살펴볼 부분은 대화의 첫 마디다. 다음 두 사람의 대화를 보자.

> **A** "내일 회의는 1시간 정도로 생각하면 되겠죠?"
> **B** "아니 그게, 네, 그 정도일 것 같네요."
> **A** "부장님이 참석하시니까 더 길어질 수도 있겠네요."
> **B** "아니 그게, 정말 그렇겠네요."

이 대화에서 B씨가 반복해서 사용하는 '아니 그게'는 실질적인 부정의 의미보다는 추임새에 가까운 말버릇이다. 의도적으로 상대를 부정하는 말은 아니지만, 3장에서 언급했듯 뇌는 '타인을 향한 말'과 '자신에게 향한 말'을 구분하지 않는다. 따라서 '아니'라는 표현 하나로도 양쪽 모두가 무의식적으로 '상대가 나를 받아들이지 않았다'는 신호를 감지하게 된다.

B씨는 이 말버릇을 무의식적으로 사용하고 있을 뿐, 인식하지 못한 상태다. 하지만 한 번이라도 이 습관을 자각하게 되면, 대화의 첫 마디에 '아니'라는 단어가 튀어나올 때마다 다른 표현으로 바꿔 말하거나, 혹은 말하기 전에 미리 다른 표현을 선택하기 위해 노력하게 된다. 이렇게 반복해서 수정하다 보면 '아니'라는 말을 쓰지 않는 자신에게 점차 익숙해지고, 궁극적으로는 새로운 말버릇이 자연스럽게 형성된다.

자신의 말버릇을 알아차리는 데 효과적인 방법 중 하나는 온라인 회의 영상을 모니터링하는 것이다. 회의를 녹화한 영상을 보면 자신의 말투와 표현을 객관적으로 관찰할 수 있고, 오디오만 녹음해 듣는 것도 유용하다. 또한 가족이나 친한 동료를 통해 자신에게 어떤 말버릇이 있는지 물어보는 것도 좋은 방법이다. 의외의 발견이 있을지도 모른다.

자신도 모르게 '어차피 안 돼', '이건 못해', '너무 어려워'와 같은 말을 머릿속에서 반복하는 사람도 있을 것이다. 이런 경우, 먼저 자기 머릿속 말버릇을 확실히 인식해보자. 만약 이런 부정적인 표현을 자주 사용한다면 이를 대신할 긍정적인 표현을 미리 생각해두자. 예를 들어 나는 '이 정도면 해볼 만하지', '아직 성장할 여지가 있어'와 같은 말로 바꿔 사용한다.

이처럼 뇌에 긍정적으로 작용하는 방식으로 말버릇을 전환해보자. 새로운 일이나 낯선 상황에 직면했을 때 자동적으로 떠오르던 '안 돼', '이건 못해'라는 반응을 의식적으로 긍정적인 말투로 교체하는 것이다. 이 작은 변화만으로도 나도 뭔가를 바꿀 수 있다는 자기효능감이 자연스럽게 높아질 것이다.

2. 자세를 바꾼다

자세에도 뇌의 습관이 드러난다. 앞서 이야기했듯이 사고와 신체는 밀접한 관계가 있다. 만일 자신이 구부정한 자세를 취하고 있다는 것을 인식했다면, 등을 곧게 펴고 입꼬리를 살짝 올려보자. 이러한 간단한 변화만으로도 기분이 전환되고, 자신감이 향상되는 것을 느낄 수 있을 것이다.

자세에 주의를 기울이기 위해, 책상이나 벽에 '자세!'라고 적힌 메모를 붙여두는 것도 효과적이다. 이러한 시각적 신호는 일상 속에서 자세를 인식하고 조정하는 데 도움을 준다.

또한 자신의 자세를 인식한 순간 자세를 바로잡는 일이 많아질 텐데, 바꾼 뒤 감각이나 기분에 어떤 변화가 있는지 느껴보자. 이때 '또 나쁜 자세를 하고 있었는데, 미처 몰랐다'며 자신을 책망할 필요는 없다. 그 대신 '괜찮아, 이제 알았으니까 조정하면 돼'라고 스스로를 격려해주자.

3. 호흡을 바꾼다

호흡의 깊이 역시 뇌와 마음 상태와 밀접하게 연관되어 있다. 이완된 상태에서는 호흡이 자연스럽게 깊어지지만, 긴장할 때는 호흡이 얕아진다. 비즈니스 현장에서 자신의 호흡이 얕아졌음을 인식한다면, 어떤 자극이 이를 유발했는지 돌아볼 수 있다. 이런 자극이 있을 때 무의식적으로 얕은 호흡이 자동적으로 일어난다는 사실을 알아차리는 것이 중요하다. 이를 인식했다면, 그 자극과 마주하며 '나를 위축시키는 고정관념이 없는지' 내면을 점검해보자. 그리고 의식적으로 호흡을 깊게 하면 심신의 상태도 달라질 수 있다.

또한 기계론적 관점에 빠져 있을 때는 몸이 자연스럽게 위축되고 호흡도 얕아지기 쉽다. 예를 들어 회사에서는 상사와 부하직원 간에 위계질서가 존재한다. 이런 상명하달 구조로 인해 부하직원은 '시키는 대로만 하면 된다'는 사고가 만연해진다. 아무리 수평적인 상사라 해도 지시를 내리거나 말을 건네는 순간, 부하직원은 어떤 형태로든 스트레스를 받으며 호흡이 얕아지는 경우가 많다.

이처럼 '상하관계'는 기계론적 관점에서 비롯된 시각으로, 부하직원은 '상사의 말을 들어야 한다'는 판단적 반응을 자동으로 발동시키며 그 말이 옳은지 그른지 생각하려 하지 않는다. 에너지를 아끼려는 뇌의 습관 때문이다.

이럴 때 자연스럽게 호흡이 얕아진다. 따라서 직장에서 문득 자신의 호흡이 얕아졌다면 이는 지금 기계론적 관점에 사로잡혀 있다는 신호일 수 있다. 그 순간을 감지하고 의식적으로 벗어나려는 노력이 필요하다.

4. 표정을 바꾼다

자신의 표정에도 뇌의 습관이 뚜렷하게 드러난다. 우리는 평소에 자신이 어떤 표정으로 대화하고 있는지를 직접 볼 일이 거의 없지만, 사실 입꼬리를 살짝 올리는 것만으로도 '개인'의 마음가짐과 상태가 긍정적으로 전환되는 선순환을 만들 수 있다.

표정 습관도 온라인 회의를 통해 파악할 수 있다. 나 역시 다른 사람에게 내가 어떻게 보이는지 온라인 회의를 모니터링해 처음 알게 되었는데, 정말 흥미로운 발견이 많았다. 예를 들어, 집중해서 듣고 있는 상황에서도 미간에 주름이 잡혀 있거나 인상을 쓰고 있다면,

단순히 진지한 상태일 뿐임에도 상대방에게는 '동의하지 않는다'는 인상을 줄 수 있다. 자신의 표정을 자각하고 의도적으로 바꿔보면, 자신의 감정뿐 아니라 주변 사람들에게도 긍정적인 영향을 줄 수 있다.

또한 매일 아침 세면대 거울에 비친 자신의 표정을 찬찬히 살펴보는 것도 좋은 방법이다. 자신의 '있는 그대로'의 표정을 확인할 수 있을 것이다. 그다음에는 거울 속의 자신과 눈을 맞추고 활짝 웃어보자. '미소'를 짓는 것은 자신의 기분을 바꿀 뿐만 아니라, 그 표정을 거울을 통해 직접 목격함으로써 자신의 상태를 더 유연하고 생기 있게 이끌어갈 수 있다.

5. 자신의 관점과 설정을 바꾼다

[그림 4-8]은 앞서 언급한 ABC 이론에 근거한다. 일상에서 자신의 관점이나 설정을 어떻게 인식하고, 긍정적인 에너지가 생기는 방향을 선택할 수 있는지를 되돌아볼 수 있다. 여기서 관점이나 설정은 'B'에 해당하며, 인식 방식을 바꾸는 것은 뇌 관리에 있어서도 유용하다.

누군가에게 개선점을 지적받았을 때, 이를 '지적당했다'고 받아들이면 기분이 나쁠 수 있다. 하지만 지적이 아니라 '개선하면 변화할 수 있다는 기대를 받고 있다'고 해석할 수도 있다. 이는 개인의 '해석'에 달려 있다.

'나는 안 된다'고 받아들이면 힘들고 도망치고 싶어지지만, '성장

그림 4-8 **ABC 이론 모델**

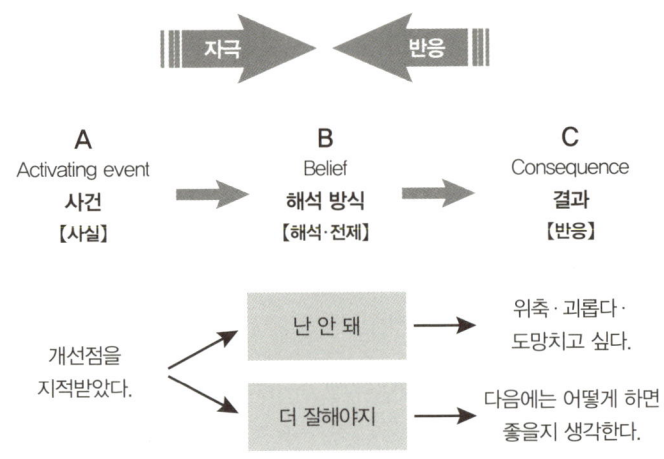

가능성이 있다'고 생각하면 '어떻게 개선하면 될까?' 하는 긍정적인 에너지가 생긴다.

'작용하기'의 포인트 — 효능감 심기

지금까지 '작용하기'의 다섯 가지 영역을 소개했지만, 작용에서 가장 중요한 것은 아무리 작은 일이라도 '내가 할 수 있는 일이 있다'는 효능감을 자신에게 심어주는 것이다.

앞서 '자극과 반응' 모델에서 '틈을 만든다'는 이야기를 했다. 이 틈이 생기면 스스로 반응을 선택할 수 있게 된다. '내가 직접 선택할 수 있다'는 것을 실감하고, 그 선택에 따른 변화를 경험함으로써 뇌에 '할 수 있는 일이 있다'는 메시지를 심고 효능감을 높여가는 것, 이것이 '작용하기'의 가장 큰 포인트다.

예를 들어 '평소 자동적으로 나오는 반응이 아닌 다른 선택을 할 수 있었다', '나의 뇌나 몸에 어떤 식으로든 작용할 수 있었다' 등, 할 수 있었던 일의 경험을 인식하고, '나는 할 수 있는 것이 있다'는 메시지를 뇌에 각인시키는 것이다. 일종의 자기 암시와 비슷한 감각이다.

여기서 중요한 것은 뇌에 그 성공 체험을 확실히 고정시키는 것이다. 에너지를 아끼려 하고 게으름을 피우려는 뇌는 이런 경험을 '없었던 일'로 치부하려는 경향이 강하기 때문이다.

그래서 '지금, 나는 이걸 해냈다!'고 핀으로 꽂듯이 의식적으로 기억하고, 자기 뇌에 기록을 남기면 성공 체험이 기억에 더 잘 남는다. 뇌 속에 방대한 정보가 흘러가는 가운데, '해냈다!'는 쐐기를 박는 것이다.

79쪽 [그림 3-3]의 '격자 그림의 동그라미'도 이와 비슷한 역할을 한다. 뇌가 여기저기 있는 검은 점(◉)을 '없었던 일'로 넘기려는 것을, 동그라미를 추가함으로써 핀으로 고정시키는 셈이다.

하지만 성공 경험을 뇌에 핀으로 꽂아두더라도, 뇌는 무의식적으로 '이 경험은 언제든 다시 할 수 있겠지', '이 경험은 다른 경험과 별로 다르지 않다'라고 인식하며, 점점 잊어버리려 한다.

이러한 뇌의 작용은 일상에서도 확인할 수 있다. 예를 들어 무언가를 조사할 때, 스마트폰으로 정보를 검색하는 것과 종이 사전을 이용하는 것 사이에는 기억의 지속성에서 큰 차이가 있다. 도호쿠

대학교 노화의학연구소의 연구에 따르면, 사람은 스마트폰으로 찾을 때보다 종이 사전으로 찾을 때 전두엽이 더 활성화된다고 한다. 이것을 '디지털 건망증'이라고 부른다. 즉 인터넷에서 찾은 정보에 대해서는 뇌가 '쉽게 찾을 수 있으니, 잊어버려도 다시 찾으면 되지'라고 생각해서 처음부터 기억하려 하지 않는 것이다.

반면 종이 사전으로 수고를 들여 오감을 활용해 조사할 때는 뇌가 '이벤트 경험'으로 인식해 기억에 잘 남는다.

어떤 것을 뇌에 기억시키려 해도 의식적으로 확실히 가르쳐주지 않으면, 매일의 다양한 루틴 속에서 묻혀버려 뇌가 '없었던 일'로 만들어버린다. 그렇게 되지 않도록 뇌에 확실히 각인시키자.

해냈다는 '성공 체험'을 충분히 음미하는 것도 중요하다. '나는 변했다', '나는 변할 수 있었다', '지금까지와는 다르게 해냈다'는 변화를 스스로 되새기고, 충분히 느껴보자. 이것이 자기 효능감의 향상으로 이어진다.

참고로 이 핀 고정에도 활용할 수 있는 만능 도구가 '스토리의 원형'이다(그림 4-9 참조).

이 접근은 인간의 뇌가 '스토리'라는 언어를 통해 지혜를 전승해 온 중요한 도구임을 보여주며, 뇌가 스토리에 반응한다는 점을 활용한 프레임워크다. 다양한 방식으로 응용할 수 있지만, 특히 모든 '차이'나 '변화'를 언어로 표현하고 가시화해 구체적으로 인식하는 데 효과적이다.

'작용하기' 단계에서는, 원래의 상태가 어떤 변화를 겪었는지를

그림 4-9 스토리의 원형

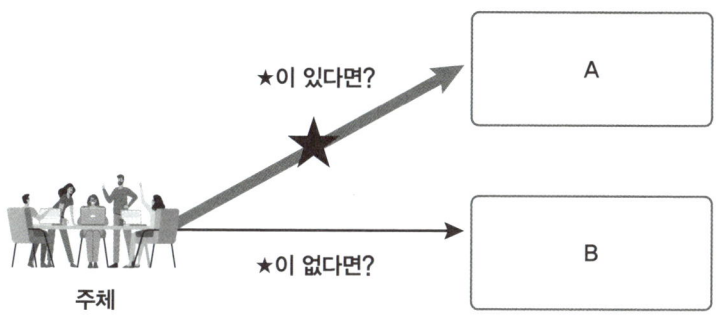

'이대로 ★의 성공 체험이 없었다면 어떻게 되었을까' 하는 미래 B라는 상황을, 이번 도전이나 성공 체험을 통해 ★라는 방법이나 시도를 함으로써 도달한 미래 A로 전환할 수 있었다고 시각화한다.

감각적인 부분이나 미세한 변화까지도 놓치지 않고, 아무것도 하지 않았을 때의 B와는 다른 A의 결과를 '없던 일'로 만들지 않도록 명확히 인식하는 것이 중요하다.

앞서 3장에서 언급한 '뇌의 일곱 가지 특성'처럼, 무력감은 심신의 에너지를 소모시키고 경직된 상태로 이어진다. 하지만 아무리 작은 일이라도 자신이 할 수 있는 일이 있다고 스스로에게 암시하며, 의식적으로 하나씩 실천해 나가면 무의식적인 기계론적 관점에서 점차 벗어나 유연함과 활력을 회복할 수 있다.

3단계: 체현하기
— 3가지 프레임워크

앞의 '무의식의 인식' 과정을 거치면 자동으로 작동하는 뇌의 반응과 자신의 행동을 더욱 세밀하게 인식하고 조절할 수 있게 된다. 이 과정은 두 가지 주요 효과를 가져온다. 첫째, 사회적 통념이나 타인의 기대, 외적 동기에서 비롯된 고정관념, 말투, 자세 등의 불필요한 요소를 내려놓는다clearing. 둘째, 자신의 고유한 자질을 명확히 파악하고 그 순도를 높인다tuning.

특히 내려놓기 과정에서 다루는 대부분의 요소는 사회의 상식이나 타인의 기대와 요구에 부응하려는 외적 동기에서 비롯된다. 이런 요소들은 스스로 깨닫기 어려운 심층적인 무의식에 기반하고 있어, 새로운 통찰이 생길 때마다 그 이면을 더 깊이 들여다보게 하는 구조를 지닌다.

이렇게 '내려놓기'를 차근차근 실천하다 보면, 본래 자신이 소중히 여기고자 했던 가치들이 더욱 뚜렷하게 드러난다. 이런 과정은 자신의 독자성과 창의성을 방해하는 요소를 제거하고, 고유한 자질을 강화하는 데 큰 도움이 된다.

세 번째 단계인 '체현하기'는 내려놓을 것은 더욱 내려놓고, 붙잡아야 할 것은 확고히 해 통합함으로써, 누구도 대신할 수 없는 '당신'의 진정한 모습을 발현하는 과정이다. 이를 통해 뇌의 운영 체제를 경직된 상태에서 생기 있는 상태로 전환하고, 사물에 주체성을 가지고 현실을 창조할 수 있게 된다. 이는 '소중한 것을 소중히 하기' 위한 중요한 단계라 할 수 있다.

체현은 말하자면 자신의 인생을 살아가려는 태도이자 삶의 방식이며, 자신의 생명과 인생의 고삐를 스스로 쥐는 것 그 자체다. 이제부터 '체현'에 이르는 구체적인 접근법 세 가지를 살펴보자.

1. 자신이 소중히 여기고 싶은 것을 인식해 '나만의 것'을 찾아가기

사람은 하루에도 수천, 수만 번의 크고 작은 의사결정을 한다. 우리는 무엇을 기준으로 어떤 선택을 하고 있을까? 그중 대다수는 뇌의 절전 모드 성향 때문에 무의식적으로 '평소처럼' 이루어지는 경우가 많다.

하지만 1, 2단계를 거치며 자기 이해가 깊어지면 가치관, 열정의 원천, 강점이나 취향, 순간의 충동과 욕구 등이 복합적으로 작용해 스스로 선택하게 된다는 사실을 알게 된다. 이런 요소들을 일상적인 반응 속에서 발견하고 인식하며 자기 주도적 선택을 반복하다 보면, '나만의 것'이라는 독자성이 자연스럽게 드러난다.

이처럼 자기 이해를 바탕으로 인생을 만들어가려면, 자신에 대한 인식의 깊이를 더하는 것이 중요하다. 한 수강생은 '스포츠 없는 인생은 상상할 수도 없다'고 했지만, 수많은 스포츠 중에서 특히 어떤 종목을 좋아하는지에 대해서는 깊이 생각해본 적이 없었다고 한다. 예를 들어 축구라면, 관람을 즐기는지, 직접 뛰는 것을 좋아하는지,

경기 상황이나 선수 분석을 좋아하는지, 또 관람할 때 혼자 보는 걸 선호하는지, 여러 사람과 함께 즐기는 걸 좋아하는지 등 다양한 방식 중에서도 특히 마음이 끌리는 부분이 있을 것이다.

이럴 때는 '명사'가 아니라 '동사'에 주목해, 자신이 무엇을 할 때 설렘을 느끼는지 세밀하게 들여다보는 것이 좋다. 이렇게 자신을 더 깊이 이해하면, 앞으로 커리어를 고민할 때나 다양한 상황에서 그 이해를 적극적으로 활용할 수 있다.

또한 자신의 강점을 인식하면 행복이 9.5배 높아진다는 연구 결과도 있다. 이는 긍정심리학에서 말하는 '사람이 활약하거나 최선을 다할 수 있게 해주는 특성', 즉 '강점'에 관한 것이다. 3년에 걸친 세계 규모의 조사 연구를 바탕으로 VIA-IS Values in Action Inventory of Strengths라는 측정 도구도 개발되었다.* 1단계와 2단계를 건너뛰고 이런 도구를 활용해 자신의 특성을 파악했다면, '어떤 선택을 할 수 있을까?', '어떤 변화를 만들 수 있을까?'를 세밀하게 파악하는 과정에서 '나만의 것'을 찾아갈 수도 있다.

자신에 대한 이해의 폭을 넓히는 것은 나이에 상관없이 도전할 만한 가치가 있다. 나 역시 도쿄 대학교 입학을 목표로 공부했지만, 타인의 기준이나 사회적으로 '좋다고 여겨지는 길'만을 좇다 보면 '자신을 아는' 감각이 점점 무뎌진다는 것을 느낀다.

• 무료로 자신의 강점을 확인할 수 있는 사이트를 소개한다. 상단의 'Take the Free Survey'에서 계정을 생성하고 '한국어'를 선택하면 설문 문항이 한국어로 표시된다. http://www.viacharacter.org

'나는 정말로 어떻게 하고 싶지? 어떻게 되고 싶지?'라고 자문했을 때 진심에서 우러나오는 답을 찾지 못하거나, 예상치 못한 커리어나 새로운 상황을 마주했을 때 '나는 누구인가?'라는 정체성의 혼란을 경험하기도 한다. 나이가 몇이든, 자신에게 시선을 돌려 마음과 몸이 자연스럽게 어디를 향하는지, 힘을 쏟아도 오히려 에너지가 솟아나는 긍정적 순환에 들어갈 수 있는지를 탐구해보는 것이 필요하다.

2. 하나하나 의도를 담아 선택함으로써 '나만의 것' 만들기

또 하나 중요한 점은, 매일 실천할 때마다 그 순간순간에 의도를 분명히 하는 것이다. '나는 앞으로 이런 성과를 원하기 때문에 지금 이 행동을 한다'는 식으로, 각 행동에 명확한 의도를 부여해보자. 예를 들어 쉴 때도 '또 쉬어버렸네'라고 후회하기보다는, '나는 에너지를 충전하기 위해 이 시간에 쉬기로 했다'고 정하고 쉬면 몸과 마음을 제대로 회복할 수 있다.

아무 생각 없이 행동하면 그 안에는 다양한 판단적 태도가 얽혀 있을 수 있다. '의도를 갖는다'의 한 단계 발전된 형태로, '내가 왜 이 일을 하는가', '정말 해보고 싶은가'처럼 자신의 인생을 '내가 주체인 이야기'로 만들어보자.

처음부터 완벽하게 '내가 주체인 이야기'를 말하기는 어렵겠지만, '나는 이 회사에서 이런 일을 하고 있다'가 아니라, '나는 이렇게 살고 싶기 때문에 이 회사에서 이런 일을 하고 있다'처럼 자신의 의도를 명확하게 언어화하고, 모든 행동에 주체성을 담으려 해보자.

만약 '인생' 단위가 너무 어렵게 느껴진다면, '하루' 단위로 접근해보자. 나는 이것을 '깃발을 든다'고 표현하는데, 예를 들어 '오늘은 이런 하루를 보내자'고 정하고 하루가 끝날 때 실제로 어땠는지 돌아보는 것이다.

'하루하루가 인생이다—日—生'라는 불교의 가르침이 있지만, 특별한 의식 없이 그저 하루를 흘려보내다 보면 시간이 순식간에 지나간다. 반대로 '나는 이런 걸 좋아하는구나', '이렇게 하면 의욕이 생기는구나'처럼 자신을 더 깊이 이해하고, '나는 이렇게 살고 싶다'는 의지와 의도를 일상에 적용하면 삶의 질이 달라진다. 하루가 너무 길게 느껴진다면 '앞으로 1시간', '앞으로 5분'처럼 더 짧게 나눠 실천해도 좋다.

똑같은 5분도 '5분밖에 없네'라고 생각하느냐, '5분이나 있네'라고 생각하느냐에 따라 할 수 있는 일이 달라진다. 물리적으로 객관적인 시간을 '크로노스Chronos•'라고 하는데, 이 시간 개념에서는 전 세계 누구에게나 5분은 같은 시간이다. 하지만 '카이로스Kairos'라 불리는 주관적 체험으로서의 시간 개념에서는, 사람이나 그 상태에 따라 질적으로 다양한 시간이 만들어진다. 똑같은 5분이라도 아주 밀도 높고 영원처럼 느껴질 때도 있고, 순식간에 지나가는 것처럼 느껴질 때도 있다.

• 고대 그리스인들은 시간의 개념을 크로노스와 카이로스, 두 갈래로 나누어 인식했다. 크로노스는 그리스 신화에 나오는 티탄 12신 중 막내로 어머니 가이아를 도와 아버지 우라노스를 제거하고 왕위에 오른 인물이다. 카이로스는 제우스의 막내아들로 기회와 행운의 신으로 불린다.

시간에 대한 관점과 받아들이는 방식을 주체적으로 선택하면, 더 큰 자기 결정감과 생기 넘치는 발상을 할 수 있다. 어떤 경우든 의도를 가지고 선택한 시간은, 타인의 요구에 이끌려 보내는 시간과는 비교할 수 없는 보람과 자기 신뢰를 준다. 이렇게 '나만의 시간·공간'을 갖는다는 감각은 외부 환경에 흔들리지 않는 회복 탄력성을 키우는 데도 도움이 된다.

또 하나, 모순처럼 들릴 수도 있겠지만 일부러 의도를 가지지 않는(즉 의도적으로 의도를 가지지 않는) 멍하니 보내는 시간이나 공간도 중요하다. 멍하니 산책할 때나, 커피를 마시며 한숨 돌릴 때, 아무 생각 없이 샤워를 할 때는 기본 모드 네트워크Default Mode Network라는 신경 회로가 활성화된다.

이 기본 모드 네트워크는 멍하니 있을 때 가장 활성화되며 아무것도 하지 않는데도 상당한 에너지를 소비한다. 사실, 기본 모드 네트워크가 활성화되면 더 인식적인 전체론적 관점으로 전환될 수 있다는 점에서, 이런 시간을 갖는 것도 매우 효과적이다.

3. '자신의 고유한 특성'을 외부에 표현하기

세 번째 단계는 지금까지의 모든 과정을 바탕으로 자신의 고유한 특성을 외부에 표현하는 것이다. '나는 ○○을 좋아한다', '○○을 할 때 힘이 솟는다/가슴이 뛴다/열정이 생긴다'처럼, 자신의 핵심을 발견하고 활용하는 데 그치지 않고, 이를 타인에게 이야기하거나 예술, 글쓰기 등 다양한 방식으로 자신을 개방하는 과정이다. 이 행위는 내면에만 담아둘 때와는 또 다른 경험과 감각을 만들어낸다.

표현 방식은 다양하다. 예를 들어 무언가에 몰입하는 마음을 '프레젠테이션'하는 것도 일상에서 실천할 수 있는 좋은 방법인데, 나는 이를 '추천 PPT'라고 부른다. 나는 2020년 코로나 시기부터 영화나 드라마 같은 작품의 매력을 공유하는 라이브 방송을 하고 '추천 PPT'를 매개체로 해 자신을 드러내는 시도를 했다. 그 과정에서 생각과 표현이 일치하는 프레젠테이션은 나 자신에게도 큰 보람을 주고, 듣는 이의 마음과 몸에도 긍정적인 자극을 준다는 것을 확신하게 되었다.

불교에서는 생각과 말과 행동을 일치시키는 것을 '신구의身口意'라고 하는데, 이는 밀교 수행에서 특히 중시하는 개념이다. 이 일관성을 유지하는 것이야말로 정답이 없는 뷰카 시대에도 흔들림 없이 자신의 결정을 정답으로 만들어가는 '진정성'과 '고유한 힘'의 원천이 된다.

인생의 중요한 갈림길이나 중대한 결정을 앞두고, 또는 일생일대의 도전을 시작할 때, 자신의 스토리를 세상에 드러내는 것도 매우 중요한 자기 체현의 과정이 된다. 직함, 학력, 직위가 아니라 '나는 이런 사람이고, 이런 경험을 통해 이런 배움을 얻었으며, 앞으로 이런 미래를 만들고 싶다!'는 진솔한 스토리를 프레젠테이션하는 것은 현실을 움직이는 강력한 힘이 있다.

2020년 코로나 시기, 나는 '이대로 인생을 끝내고 싶지 않다!'는 여성들의 인생을 건 스토리를 엮는 강좌를 열었다. 그중 한 명인 센

고쿠 쿄코仙石恭子 씨는 마치 하늘의 계시를 받은 듯 고향 와카야마에 학교를 세우겠다고 결심했다. 이후 1, 2단계(깨닫기와 작용하기)에서의 깊은 깨달음과 자기 탐색을 거치며, '왜 내가 학교를 세워야 하는가? 왜 하필 와카야마인가? 내가 만들고 싶은 학교는 어떤 곳인가?' 등 수많은 '질문'에 진심으로 답하는 자신만의 스토리를 완성했다. 그리고 4년 동안 자신의 언어로 꿈을 이야기하며 동료를 모으고, 위기를 기회로 바꾸는 도전을 이어간 끝에 마침내 꿈을 현실로 만들었다. 2025년 봄, 구마노 고도에 탐구형 이중 언어·글로컬 스쿨 '우츠호노모리학원うつほの杜学園'이 문을 열게 된 것이다.

사람이 신구의(몸, 말, 마음)에 일관성을 가질 때 발휘되는 힘을 '본연의 힘'이라고 부른다. 브레인 매니지먼트는 바로 이 본연의 힘을 탐구하기 위해 탄생했다고 해도 과언이 아니다. 경직됨에서 유연함, 생기 넘치는 방향으로 나아가며 뇌의 습관이나 사회적 압력을 넘어 스스로 발휘하는 '나만의 힘'이 바로 본연의 힘이다.

프레젠테이션이나 스토리를 표현하는 것뿐 아니라, 일상을 살아가는 것 자체가 '체현'이기도 하다. 자신에 대한 이해 끝에 '이것이 내게 소중하다. 이것이 나의 도전이다!'라고 깃발을 들었다 해도 그것이 끝은 아니다. 예기치 못한 상황과 마주하며 또다시 새로운 깨달음과 작용을 반복하게 된다. 그런 주체적 태도와 의식적인 전체론적 관점이 삶의 운영 체제로 자리 잡을 때, 우리는 돌파구를 찾고 독자성과 창의성을 발휘할 수 있다.

진정성, 타인의 평가가 아니라 자신의 내부에서 우러나오는 힘

지금까지 소개한 깨닫기, 작용하기, 체현하기라는 세 단계는 '자신만의 힘'을 발휘하며 인생의 주도권을 쥐는 것과 연결된다. 얼핏 거창하게 들릴 수 있지만, 실제로 자신만의 힘을 발휘한다는 것은 인생이 끝날 때 돌아보며 평가하는 것이 아니라, 매 순간 그것이 발휘되고 있는지를 스스로 인식하는 상태를 의미한다.

이런 상태에 도달하면 말, 행동, 생각이 일치해 일관성이 생기고 마치 자기장을 형성하듯 주변 사람들에게 감동을 불러일으킬 수 있다. '자아 ego', '자신 self'에 이어, 이 일관성 있는 상태를 '진정성'이라고 한다. 이러한 진정성은 3장에서 언급한 뇌의 일곱 번째 특성 '주

그림 4-10 빙산 모델과 본연의 힘

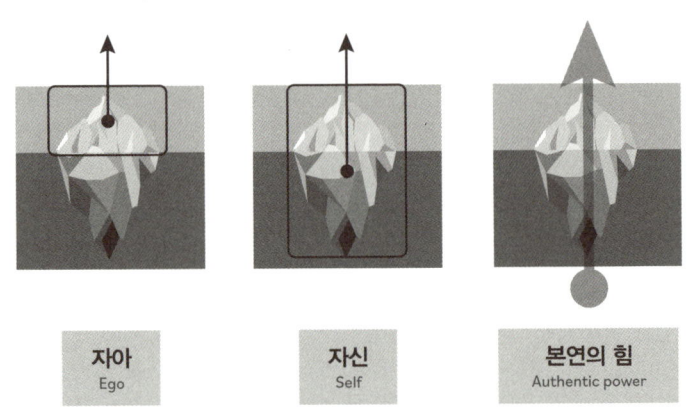

변과의 공명'과도 맞닿아 있다. 누군가 한 명이라도 이 일관성을 갖추면, 그 힘에 접한 사람들은 자신만의 진정성을 되찾고 본래의 자신을 기억해내듯 감동을 느끼며, 그 울림이 퍼져나간다.

이 장에서 소개한 세 단계는 개인의 브레인 매니지먼트에 대한 기본적 접근 방식이지만, 개인 차원에서 뇌를 관리함으로써 그 힘이 주변 사람들에게도 확산할 수 있다.

지금까지 '고유한 특성'이라고 불러온 것은, 개인은 물론 조직이나 사업 등 집단에서도 발휘될 수 있는 '진정성Authenticity'이다. 이는 외부의 평가인 '~다움'이 아니라, 내면에서 자연스럽게 우러나와 세상에 드러나는 힘이라는 이해와 확신에서 비롯된다. 이러한 '진정성'은 독자성과 창의성의 원천이 되며, 지난 20년간 내가 관찰하고 감탄한 인간 본연의 힘이 온전히 발휘될 때 나타나는 일관성에 이름을 붙인 개념이다. 비록 내가 새로 정의한 표현이지만, 생기 넘치고 더욱 독자성과 창의성을 발휘하는 우리의 모습을 공유할 수 있는 하나의 보조선으로 소개했다.

[에너지 충전을 위한
9가지 작은 실천]

5장부터는 주어가 '나'에서 '우리'로 확장될 때의 브레인 매니지먼트에 대해 다룰 예정이다. 하지만 그 전에 중요한 '작용하기'의 한

축인 '에너지 충전'에 대해 이야기하고자 한다.

이미 언급했듯, 브레인 매니지먼트의 첫 번째 단계인 '깨닫기' 과정에서 현재 내 상태를 들여다보면, 때때로 마음이나 몸의 에너지가 완전히 소진되어 피로에 지쳐 있음을 깨닫게 된다. 이처럼 에너지가 고갈되어 '이제 정말 아무것도 못 하겠다'는 상태에 이르러도, 그 사실을 인식하면 거기서 벗어나기 위한 작용을 할 수 있다.

아무리 활력이 넘치고 에너지가 풍부한 사람도, 내면의 자신에게 충분히 관심을 기울이지 않으면 순식간에 무너질 수 있다. '번아웃'이나 갑작스럽게 찾아오는 '정체성 위기'처럼, 에너지는 점진적으로만 고갈되는 것이 아니라 갑자기 찾아온다. 특히 타인을 위해 헌신하는 사람일수록 이런 위험에 더 취약하다.

결국 심신의 에너지가 고갈되면 경직된 상태로 빠질 수밖에 없다. 에너지는 모든 것의 기반이 되므로, 자신의 에너지 상태를 인식하고 효과적으로 충전하는 방법을 반드시 알고 있어야 한다.

에너지가 고갈되는 원인은 크게 신체적인 것과 정신적인 것으로 나눌 수 있다.

신체적인 원인으로는 피로, 건강 이상, 부상 등이 있다. 만일 치통이 있으면 업무에 집중하기 어렵고, 즐거워야 할 식사조차 고통스럽게 느껴질 것이다. 이런 상태에서는 변화에 대한 의욕이나 효능감을 높이기 힘들기 때문에, 무엇보다 신체 상태를 우선적으로 조절해야 한다. 피로를 풀고 통증을 완화하는 데 집중하는 것이 중요하다.

정신적 원인의 경우에는 먼저 자신이 피로하다는 사실부터 인정

해야 한다. 그리고 아무리 작은 일이라도 '나는 할 수 있는 일이 있다'는 신호를 뇌에 각인시키는 것이 좋다. 에너지가 고갈되면 '이제 무리다', '나는 더 이상 할 수 있는 일이 없다'고 생각할 수 있지만, 그럴 때일수록 잠시 멈춰 깊게 숨을 쉬어보자. 그리고 정말로 할 수 있는 일이 없는지 자신에게 물어보자.

이런 행위는 일종의 '자신에 대한 배려'다. 자신의 상태를 인식하는 것은 자기애의 표현이자, 자신에게 '편'이 되어주는 과정이다.

'치통이 심해서 일도 못 할 정도로 힘들다', '이렇게 슬픈 일이 있어서 아무것도 할 수 없을 정도로 힘들다'는 내면의 반응이 '없었던 일'로 처리되면, 내 안의 내가 나를 탓하게 되고 몸과 마음이 점점 더 위축된다.

자신의 감정을 없었던 일로 넘기지 않고, 무의식에 머물던 '보이지 않는 감정'을 인식하는 것이것이야말로 '자신에 대한 진정한 배려'이자 '있는 그대로의 자신'을 수용하는 태도이며, 브레인 매니지먼트의 중요한 기반이다.

여기서 에너지 충전을 위한 아홉 가지 접근법을 소개하겠다.

1. 호흡에 주목해 '심호흡'하기

앞서 언급한 것처럼 호흡은 에너지 충전에도 매우 효과적이다. 얕은 호흡은 피로하거나 불안할 때 자주 나타나므로, 자신의 호흡에 의식을 집중한 뒤 '4-8 호흡법'을 시도해보자. 방법은 간단하다.

처음에 천천히 4까지 세면서 숨을 들이마시고, 1박자 멈춘 뒤 8까지 세면서 내쉰다. 숨을 다 내쉬면, 다음에는 가슴 깊숙이까지 숨이 들어오는 것을 느낄 수 있을 것이다. 그 기세로 다시 4까지 세며 들이마시고, 잠시 멈췄다가 8까지 세며 내쉰다. 이 과정을 반복한다.

들이마실 때는 온몸에 혈액이 순환하는 이미지를, 내쉴 때는 피로 물질이나 자신을 갉아먹는 감정과 통증을 모두 내보내는 이미지를 떠올리자.

2. 자기 전에 수도꼭지 닦기

피곤하면 욕실 세면대나 주방 청소를 미루게 된다. 그럴 때는 수도꼭지만이라도 간단히 닦아보자. 20~30초 정도 수도꼭지의 물때만 닦아도 놀랄 만큼 깨끗해진다.

청소는 밤, 자기 전에 하는 것을 추천한다. 잠들기 전 수도꼭지를 한 번 닦아두면, 아침에 반짝이는 세면대를 볼 때 하루를 상쾌하게 시작할 수 있고, 자연스럽게 의욕이 생길 것이다.

'수도꼭지 닦기'는 뇌에 여러 긍정 신호를 준다. '내가 닦으니 금세 깨끗해졌다', '나도 할 수 있는 일이 있다'는 작은 성공 경험이 된다.

더불어 자기 전 수도꼭지를 닦는 일은 내일의 나를 응원하는 행동이기도 하다. 오늘 밤 내가 수도꼭지를 닦아두면, 내일의 나는 어젯밤의 나를 자랑스럽게 여기고, 내가 내 편이라는 확신을 얻을 수 있다.

3. 위를 바라보며 입꼬리를 올리기

[그림 4-11]에 나온 드라마와 영화 포스터를 보자.

두 작품 모두 주인공의 표정이 놀랄 만큼 닮아 있다. 얼굴을 위로 들고 미소를 짓는 모습이 인상적이다. 또, 도쿄의 공중화장실 청소부의 일상을 그린 영화 〈퍼펙트 데이즈〉의 포스터에서도 같은 구도를 볼 수 있으며, 작품 속에서도 비슷한 장면이 반복된다. 이런 작품들은 각자의 '기적'을 그리고 있다. 위를 바라보며 미소 짓는 이 구도에는 기적을 떠올리게 하는 '행복 스위치'가 숨어 있다고 생각한다.

그림 4-11 '기적'을 다루는 작품의 특징

(왼쪽) 역경을 이겨내고 가수가 된 여성을 그린 한국 드라마 〈무인도의 디바〉
(오른쪽) 음악적 재능을 꽃피운 고아의 이야기를 그린 영화 〈어거스트 러쉬〉

사진: ㈜Collection Christophel/AFLO, (우)©2007 Warner Bros. Ent.

이와 관련해 개그맨이자 연출가인 니시노 아키히로西野亮廣는 "관객석이 아래에 있고 무대가 위에 있을 때, 무대가 더 높을수록 관객의 반응이 더 좋다"고 말한다. 사람들이 위를 바라볼 때 자연스럽게 입꼬리가 올라가 웃음이 나오기 쉽기 때문이다.

즉, 위를 바라보며 미소 짓는 자세는 단순한 동작이 아니라, 긍정적인 에너지를 불러일으키는 효과적인 방법이다.

피곤하거나 기분이 가라앉을 때, 우리는 자신을 보호하기 위해 3F, 즉 싸움Fight, 도망침Flight, 얼어붙음Freeze이라는 방어 반응을 보인다. 특히 뇌와 몸이 모두 경직되는 얼어붙음 상태에 빠지면 자세가 구부정해지고 고개를 숙이게 된다. 이럴 때는 고개를 들어 다른 사람과 마주하는 게 힘들다고 느낄 수 있다.

하지만 그런 순간일수록 하늘을 우러러보듯 얼굴을 위로 들어보자. 기분이 따르지 않더라도 입꼬리를 살짝 올려보자. 실내든 실외든 상관없다. 얼굴을 위로 향하면 자연스럽게 가슴이 열리고 호흡이 깊어지며, 시야도 넓어지는 것을 느낄 수 있다. 고개를 숙이고 싶은 순간일수록 의식적으로 하늘을 바라보는 선택이 '나도 할 수 있다'는 신호가 되어준다.

4. 셀프 허그하기

말도 안 되는 일에 휘말려서 '왜 나만 이런 일을 겪어야 하지?', '아무도 내 마음을 몰라준다'고 한탄하는 순간은 누구에게나 있을 것이다. 몸과 마음이 지쳐 있을 때는 감정 조절이 어려워지고 아무도 자신을 이해해주지 않는 것같은 고립감이 찾아온다.

그럴 때는 스스로를 꼭 안아주자. 마음속으로 '수고했어', '정말 잘 버텼어' 같은 따뜻한 말을 건네면 자신을 위로하는 효과가 더욱 커진다.

비록 작은 행동이지만, 내게 일어나는 모든 일을 있는 그대로 받아들이고 있다는 메시지를 자신에게 전할 수 있다. 또한 내가 나의 가장 큰 지지자임을 다시금 상기시켜주는 시간이 될 것이다.

5. 컴퓨터 주변이나 책상 정리하기

바빠서 무엇부터 시작해야 할지 몰라 결국 '이 일도 완료하지 못했어', '저것도 못했네'라며 우울해질 때는 방 정리가 소홀해지기 쉽다.

이럴 때는 자주 사용하는 책상 위나 컴퓨터 주변 등, 자신을 둘러싼 좁은 범위라도 깨끗이 정리하는 것을 추천한다. 여기서 '깨끗이 정리하는' 것은 불도저처럼 물건을 한쪽으로 밀어두는 것만으로도 충분하다. 양팔로 원을 그렸을 때 그 안의 공간만큼만 '이 공간만 정리하면 돼'라고 생각하고 물건을 치워보자.

눈앞의 작은 공간이라도 정리하면 마음이 한결 개운해진다. 한꺼번에 모든 것을 정리하려고 하면 오히려 더 피곤해질 수 있으니 무리하지 않는 것이 중요하다.

이렇게 하면 '지금의 나도 주변 환경을 바꿀 수 있다=할 수 있는 일이 있다'는 신호를 스스로에게 보낼 수 있다. 또한 시야에 들어오는 정보가 줄어들어 눈앞의 풍경이 달라지면서 기분 전환의 계기가 되기도 한다.

6. 목이 마르기 전에 물 마시기

항상 타인을 위해 애쓰며 자신을 챙기지 못하는 사람은 피로가 회복되기도 전에 다시 에너지를 쏟는 경향이 있다. 수분 섭취를 미루다가 탈수 증상이 나타나기도 한다. 이런 사람은 자주 물을 마시는 습관을 들이는 것이 좋다. 조금 있으면 목이 마를 것 같을 때, 즉 목이 마르다는 감각이 생기기 전에 의식적으로 물을 마시는 것이다. 한 번에 많이 마시는 것이 아니라 조금씩 자주 마시는 것이 포인트다.

자신의 갈증에 주의를 기울이고 수분을 보충하는 행동은 자신을 아끼고 돌본다는 신호를 스스로에게 보내는 셈이다. 이렇게 자주 물을 마시며 몸 상태에 관심을 기울이면, '내가 나를 위해 할 수 있는 일이 있다'는 작은 성취감도 얻을 수 있다.

7. 식사할 때 감사하기

마음과 몸이 지쳐 있을 때는 식생활이 불균형해지기 쉽다. 그런 상황에서도 식사에 감사함을 느끼는 것으로 자신을 아끼는 마음을 표현해보자. 식사할 때는 무의식적으로 먹는 대신 음식에 고마움을 느끼며 천천히 음미해보자.

예를 들어 편의점의 삼각김밥 하나라도 '많은 자연의 베풂과 사람의 손길을 거쳐 지금 내 앞에 왔다'고 상상해보면, 단순히 한 끼를 때우는 음식이 아닌 생명을 얻는 식사로 인식이 바뀔 것이다.

'무엇을 먹느냐'보다 '어떻게 먹느냐'에 따라 몸과 마음의 반응이 달라진다. 같은 음식이라도 감사한 마음으로 먹으면, 식사가 몸과 마음에 활력을 주는 시간으로 바뀔 수 있다.

8. 일부러 멍하니 있기

눈앞의 일에 반응하느라 겨우겨우 해내는 상황이 반복되면, 마음의 여유가 사라지고 생각하거나 움직이는 것조차 싫어져 포기하고 싶을 때가 있다.

이럴 때는 '지금부터 멍하니 있을 거야'라고 스스로에게 선언하며, 의도적으로 '아무것도 하지 않는 시간'을 만들어보자.

우선 자세와 표정에서 힘을 최대한 빼고, 숨을 끝까지 내쉬어보자. 그러면 자연스럽게 호흡이 깊어진다. 처음에는 30초 정도로 시작해서 점차 10분, 20분까지 시간을 늘려가면 더욱 효과적이다.

멍하니 있을 때 활성화되는 신경회로를 '기본 모드 네트워크'라고 한다고 앞에서 설명했다(137쪽 참조). 이 회로는 자기 인식과 영감, 창의성과도 관련이 있는 것으로 알려져 있다. 멍하니 있다 보면 뇌가 알아서 복잡한 정보를 정리하고 새로운 아이디어가 떠오르기 쉬워진다. 뇌의 피로 회복과 함께 심신의 이완 효과도 기대할 수 있는 좋은 방법이다.

9. 종이에 낙서하기

기진맥진한 상태에서는 앞서 소개한 '깨닫기' 단계의 저널링조차 시작하기 어려울 때가 있다. 이럴 때는 저널링에 들어가기 전 단계로, 종이에 낙서나 휘갈김을 해보자. 물론 머릿속에 떠오르는 생각을 자유롭게 적어도 괜찮다.

꼭 제대로 된 노트일 필요도 없다. 휴지에 써서 변기에 흘려보내거나 전단지 뒷면에 쓰고 찢어버려도 된다. 중요한 것은 마음속에 쌓인 감정이나 생각을 밖으로 쏟아내고 해독하는 것이다. 쓴 종이를 흘려보내거나 찢어버리면 마음속 부담이 몸에서 스르르 빠져나가는 듯한 상쾌함을 느낄 수 있다.

―――

이 아홉 가지 에너지 충전 방법 중 자신이 가장 쉽게 실천할 수 있는 것부터 시작해보자. 특히 1번 심호흡이나 2번 수도꼭지를 닦기라면 부담없이 시작할 수 있을 것이다.

여기서 소개한 아홉 가지 방법은 자신의 도구 상자에 넣어두었다가 필요할 때마다 '이렇게 작은 일이라도 내가 할 수 있는 게 있다'고 떠올릴 수 있도록 준비한 것이다. 지금 당장 에너지 충전이 필요한 사람이라면 모든 방법을 한 번에 하려고 애쓰지 말고 실천할 수 있는 것부터 하나씩 시도해보면 된다.

나 역시 몸과 마음이 비명을 질러 멍하니 천장만 바라보던 시절, 세면대 수도꼭지의 물방울을 닦는 아주 작은 행동에서부터 변화가 시작됐다. 하나하나를 음미하며 '없었던 일로 넘기지 않기'를 반복하다 보니 점차 더 큰 도전도 할 수 있게 되었고, 어느새 에너지를 되찾을 수 있었다.

  나는 'PALS Programs for Authentic Lives'라는 개인 대상 강좌와 연수 프로그램을 운영했다. 그 과정에서 자신을 돌보는 방법이나 에너지 충전 습관조차 갖고 있지 않은 사람이 많다는 사실에 놀랐다. 10년 전 바닥을 치던 내 모습과도 겹쳐져, 이 에너지 충전법을 전하고 싶었다. 꼭 필요한 사람에게 이 방법이 닿기를 바란다.

5장

**우리의 브레인 매니지먼트
: 팀과 조직이 변화한다**

팀·조직 브레인 매니지먼트의 세 가지 접근법

앞 장에서는 '무의식의 인식'을 통해 경직된 뇌에서 유연하고 생기 있는 뇌로 변화하기 위한 구체적인 로드맵과 접근법을 배울 수 있었다. 다음 단계는 어떻게 타인과 소통할 것인가, 어떻게 여러 사람이 모인 자리나 팀을 만들어갈 것인가, 어떻게 조직이라는 큰 틀을 움직여 사회와 미래에 영향을 미칠 것인가 하는, 주어가 '나'에서 '우리'로 확장된 세계로 들어간다.

우선 개인에서 팀·조직으로 영역이 확장되는 브레인 매니지먼트의 전체적인 흐름을 개괄해보자.

4장에서는 '자기 자신에 대해 자신이 제일 모른다'는 전제를 바탕으로 접근했다면, 이번 장에서는 '팀 내에 도저히 이해할 수 없는 상

그림 5-1 브레인 매니지먼트의 목표와 확장

경직된 상태 　　유연하고 활기찬 상태 　　개인에서 팀·조직으로 '유연하고 활기찬' 상태가 확장된다

4장. 개인편
- STEP 1 : 깨달음
- STEP 2 : 작용하기
- STEP 3 : 체현하기

5장. 팀·조직편
- 1단계 : 대인 커뮤니케이션·말걸기
- 2단계 : 장 조성, 팀 빌딩
- 3단계 : 조직의 가치 창조 및 변혁

그림 5-2 팀·조직에서의 브레인 매니지먼트

1단계 : 상대방과 자연스럽게 소통하기
타인(주변)을 이해하고 타인의 망상활성화 시스템을 부드럽게 한다.

2단계 : 공간 조성과 부드러운 환경 구축하기
대화나 퍼실리테이션, 프로젝트 협업 등을 통해 관계의 질을 높이고 창발적인 환경을 구축한다.

3단계 : 조직의 가치 창조와 변화 만들기
숫자나 겉으로 드러나는 언행이 아니라, 내적 동기와 조직 문화 등 '보이지 않는 것'을 효과적으로 다루어 조직의 독자성과 창의성을 높인다.

대가 있어 스트레스를 받는다', '변화를 요구하는 윗선과 현장 사이에 온도 차가 심하다'와 같이, 팀과 조직 내에서 각자가 '그들만의 힘'을 발휘할 수 있는 환경을 함께 만들어가는 도전을 다룬다. 실제로 팀이나 조직에서는 '이해할 수 없는 사람이 있는데 어떻게 해야 할지 모르겠다', '내가 뭔가를 바꿀 위치가 아니니 변화는 어렵다', '사회나 미래라니 너무 거창해서 상상이 안 된다' 등 무력감이 만연하기 쉬운 조건이 곳곳에 존재한다.

먼저 지금까지의 내용을 정리하는 의미에서 브레인 매니지먼트의 전체 구조와 이 장에서 다룰 접근법을 살펴보자([그림 5-1], [그림 5-2]).

4장에서 살펴본 자기 자신에 대한 브레인 매니지먼트는 다른 누구도 아닌 유일무이한 '자신'이 '본연의 힘'을 되찾고 그것을 발휘하며 살아가는 데 초점을 두었다. 그러나 본연의 힘은 어떤 환경에서 어떤 관계를 맺고 있는지, 사회와 어떻게 연결되어 있는지에 따라 그 발현 방식이 달라질 수 있다.

따라서 이 장에서는 서로 다른 세 영역인 대인 커뮤니케이션, 공간 조성 및 팀 빌딩, 조직 변화가 각각의 상황에서 브레인 매니지먼트를 어떻게 활용할 수 있는지 구체적으로 살펴본다. 최근 실제로 실행된 개인, 기업, 행정 현장의 브레인 매니지먼트 사례도 함께 다룰 예정이다. 이를 통해 답답함을 느끼는 현장에도 '할 수 있는 일이 있을지도 모른다'는 새로운 가능성이 전해지길 바란다.

1단계 : 상대방과 자연스럽게 소통하기

내가 전체론적 관점으로 업그레이드되어 있어도, 눈앞의 상대가 완고하게 기계론적 관점으로 대응한다면 자신의 의지를 지키기가 쉽지 않다. 또는 의욕에 차 행동을 시작했지만, 불이 붙은 사람이 자기 혼자뿐이라면 마찰이나 저항에 부딪혀 쉽게 지치기도 한다. 아무리 좋은 말을 해도 비판으로만 받아들이거나 감정적인 공격이 돌아와 나도 모르게 맞받아치고 싶어질 때도 있고, 상대가 아예 입을 닫아버려 대화가 이어지지 않는 경우도 있다.

평소의 소통에서조차 서로를 이해하기 쉽지 않은데, 변화를 시도할 때는 이런 어려움이 더욱 두드러진다. 상대와의 사이에 무의식적인 기계론적 관점이 자리 잡고 있으면, '무슨 말을 해도 소용없다'는 단정이나 '한 마디도 지지 않고 받아치는' 식의 논쟁이 반복된다. 각자의 정의와 옳음을 내세우며 끝없는 논쟁이 이어지고, '상대가 나를 이해해주지 않는다', '이해할 리가 없다'는 식으로 체념하거나, 대립과 말다툼으로 번지기도 한다. 모든 차이가 견디기 힘든 스트레스로 다가와 침묵하게 되고, 결국 소통 자체를 포기하는 상황에 빠질 수 있다. 이렇게 되면 뇌뿐만 아니라 관계 자체도 굳어버려, 결국 서로 에너지만 소모하며 더 깊은 기계론적 관점에 빠져드는 악순환이 이어진다.

그렇게 굳어버린 관계를 흔들고 싶을 때, 즉 기계론적 관점을 가진 상대와 건설적인 소통이 필요할 때 우리는 무엇을 할 수 있을까? 이 책에서는 그런 상황을 타개할 수 있는 핵심 포인트와 구체적인 접근법을 제시하고자 한다.

먼저 '상대를 바꾸려고 하지 않는다'는 원칙을 전제로 삼아야 한다. 대부분의 사람들은 누군가로부터 '변해야 한다'는 압박을 받으면, 자신이 부정당하는 듯한 느낌을 받아 반사적으로 저항하게 된다. 따라서 '상대를 바꾼다'가 아니라, '내가 변한다', '나부터 변화한다'에 초점을 맞추는 것이 중요하다.

이러한 관점에서 내가 변하는 수단으로 활용할 수 있는 브레인 매니지먼트 접근법을 살펴보자. 이 방법들은 일상에서 다양한 관계의 질을 개선하는 데 도움이 될 수 있다.

굳어진 상태를 녹이고 생기 있는 관계를 만드는 핵심 포인트는 다음과 같다.

1. 시선(마음가짐)
2. 말 걸기·질문하기
3. 환경

이 세 가지 요소를 하나씩 살펴보자.

1. 시선(마음가짐)

'시선'은 대상이 변하지 않아도, 어떤 '관점'이나 '설정'으로 바라보느냐에 따라 전혀 다르게 받아들여진다. 상대를 적대적으로 볼지, 신뢰할 수 있는 동료로 볼지에 따라 같은 말도 전혀 다르게 느껴진다. 상대를 적대시하면 상대방의 '힘내'라는 말 한마디가 책임을 떠넘기는 말처럼 들릴 수도 있다. 이처럼 한 마디 말이 오랜 시간 쌓아온 관계와 신뢰를 흔들 정도로 큰 영향을 미치는 것도 바로 이 시선 때문이다.

지금까지의 경험이나 개인의 고정관념이 이러한 시선을 만든다. 그리고 이 시선은 기계론적 관점으로 굳어지기 쉽다. 그렇기에 바람직한 결과를 얻기 위해서는 의도를 담아 시선을 보내는 연습이 필요하다. 더 나아가, 시선 하나만으로도 말이나 환경 등 모든 것의 질을 바꿀 수 있다. 이런 이유로 앞서 언급한 세 가지 접근법 중에서 가장 먼저 '시선'을 실천해보기 바란다.

'시선'의 강력함은 긍정 심리학 분야에서도 다양한 연구를 통해 입증되고 있다. 예를 들어 미국의 심리학자 스티븐 카프먼 Stephen Karpman의 공포의 드라마 삼각형 DDT, Dreaded Drama Triangle* 이론에 따르면, 상대에게 '바꿔줘야 한다', '도와줘야 한다'는 선의의 행동조차

---

* 미국의 심리학자 스티븐 카프먼이 1968년에 제안한 이론이다. 갈등이나 스트레스 상황에서 사람들이 무의식적으로 빠지는 역기능적 관계 패턴을 설명한다. 피해자는 스스로를 무력하고, 상황의 희생자라고 여기며, 구조자는 피해자를 도와주려 하지만, 실제로는 상대의 자율성과 힘을 약화시킨다.

그림 5-3 긍정 심리학의 삼각형 이론

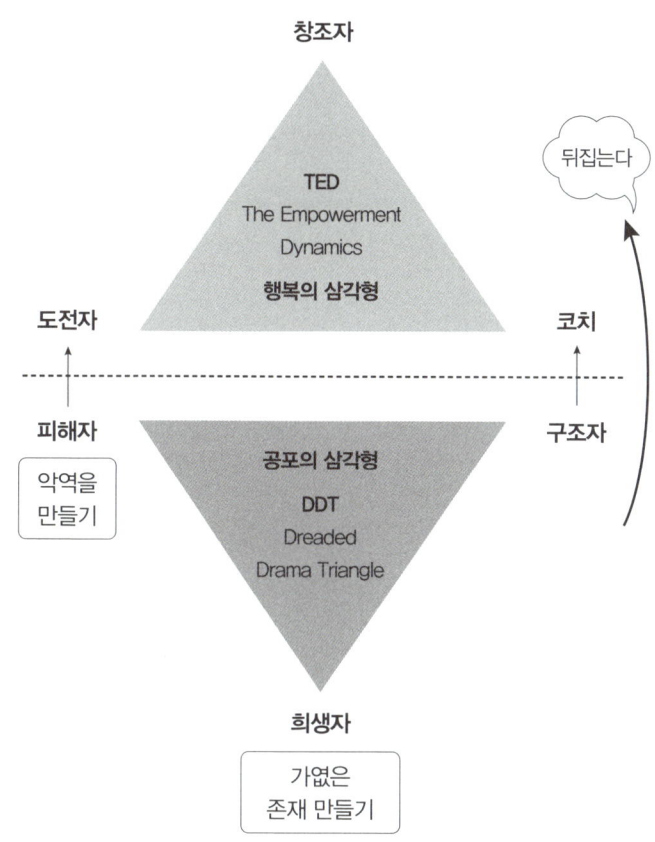

출처 : 마쓰무라 아리松村亜里 『잘 되지 않는 인간관계 역전의 법칙うまくいかない人間関係逆転の法則』을 기반으로 작성(국내 미출간).

도 상대를 '힘이 없는 존재'나 '피해자'로 만들어버릴 수 있다. 이런 접근은 오히려 상대가 본래 가진 힘을 억누르고, 무력감을 강화하는 결과를 낳는다.

반대로 데이비드 에메랄드David Emerald의 임파워먼트 다이내믹스TED, The Empowerment Dynamic*에서는 상대를 인생의 '창조자'로 바라보고, '본래 힘이 있을 것'이라는 인식으로 대할 때 상대의 잠재력을 더 끌어낼 수 있다고 말한다. 이 관점에서는 위기를 기회로, 실패를 배움으로 전환하며, 서로가 성장하는 관계를 만들어갈 수 있다. 즉 어떤 시선과 관점으로 상대를 바라보느냐가 매우 중요한 요소임을 알 수 있다.

상대의 힘을 끌어내기 이전에, 판단하지 않고 수용하는 태도non-judgmental가 무엇보다 중요하다. 조금이라도 비판적인 시선이 섞이면 어떤 방식으로 접근해도 관계의 질이 향상되지 않는다. 이런 비판단적 태도를 철저히 유지하면 상대와의 차이에 대한 시선과 태도가 자연스럽게 변하고, 차이를 회피하거나 반사적으로 '똑같이 만들고 싶다'는 충동도 내려놓을 수 있다. 더 나아가 차이를 즐기고 흥미롭게 받아들일 수 있게 된다. 이렇게 내면에서 우러나오는 상대에 대한 존중이 굳어진 태도를 부드럽고 유연하게 변화시키는 실마리가 된다.

- 미국의 데이비드 에메랄드 박사가 제시한 모델로, DDT의 대안적 관계 패턴을 설명한다. 상대를 '본래 힘이 있는 존재'로 바라보고, 잠재력을 신뢰한다. 피해자 역할이 창조자로 전환될 때, 자기효능감과 주도성이 높아진다.

이 '판단하지 않음'과 '수용'을 출발점으로 삼아 상대와의 차이를 가치로 바꾸기 위해서는 상대를, 혹은 그 사람과의 관계를 어떤 관점으로 보고 있는지 의식적으로 선택해야 한다. 의식적 선택과 변화의 기반을 마련하기 위해, 자신이 어떤 관점이나 설정을 갖고 있는지 앞 장의 개인 브레인 매니지먼트 프로세스를 활용해 자신을 파악하는 것이 필수적이다.

2. 말 걸기·질문하기

시선에 대해 인식했다면 그다음 효과적인 실천 방법 중 하나가 바로 '말'이다. 어떤 식으로 말을 건네고, 어떤 질문을 하느냐에 따라 지금까지 전혀 변화가 없던 상대의 태도나 관계가 극적으로 달라질 수 있다.

1번에서 언급한 '수용'을 첫 번째 실마리로 삼아, '예스 앤드Yes and 기법'을 추천한다. 이 방법은 상대의 말을 부정하지 않고, 그 위에 새로운 아이디어나 관점을 덧붙여 대화를 이어가는 방식이다. '노 벗No, but 기법'처럼 상대를 반박하거나, '예스 벗Yes, but 기법'처럼 겉으로만 동의하는 척하면서 실제로는 자신의 입장을 내세우는 방식과 달리, '예스 앤드'는 상대에게 동의하면서도 개선된 의견을 제시하는 대화 방식이다. 이 방식은 창조적이고 협력적인 대화를 촉진한다.

무의식적으로 '아니', '하지만' 같은 부정적인 말을 자주 사용하거나, 상대의 말을 중간에 끊고 자신의 의견을 덧붙이는 습관도 인식하기만 하면 고칠 수 있다. 이런 변화는 수용과 판단하지 않는 태도를 실천하는 데 도움이 되며, 상대의 방어 반응을 진정시키고 관계를 한층 더 유연하게 만든다.

3장에서 언급한 뇌의 필터인 '망상활성계' 역시 자신이 한 말이나 타인에게 들은 말 한마디에 따라 집중하는 대상이 달라지는 특성이 있다. 예를 들어 '왜 이런 일을 당했지?', '왜 이런 행동을 했어?'처럼 과거의 잘못을 지적하는 말은 기계론적 관점을 강화하고, 무엇이 잘못됐는지 찾으려는 뇌의 검색을 유도한다. 반면 '어떻게 하면 좋을까?', '어떻게 바꿀 수 있을까?'와 같은 문제 해결을 위한 질문은 앞으로의 미래지향적 해결책을 모색하게 하므로, 질문을 받은 사람의 창의성을 끌어낼 수 있다.

같은 질문이라도 빙산 모델의 수면 위에 있는 말이나 행동에만 반응하지 않고, 그 아래에 있는 이유나 의도, 배경 등을 묻는 탐구형 질문은 표면적인 대화보다 더 부담이 클 수 있다. 하지만 상대를 깊이 이해하려는 이런 질문이야말로 상대를 인간으로서 존중하고, 창조적 대화를 이끄는 중요한 열쇠가 된다.

또한 '어쩔 수 없다', '어렵다'와 같이 상대의 기계론적 관점을 강화하는 말을 피하고, 대신 '할 수 있는 일이 있다', '도전적이지만 성장할 수 있다' 등 긍정적인 언어로 바꿔 말하는 것도 효과적이다.

경직된 관계를 변화시키는 소통 방법으로는 '명확한 의사소통 Assertive Communication', '비폭력대화 NVC, Nonviolent Communication', '코칭' 등 체계화된 접근법이 다양하게 존재하며, 각 분야에서는 '언어 선택'에 관한 연구도 꾸준히 이루어지고 있다.

어떤 방법을 선택하든, 브레인 매니지먼트의 관점에서 자신이 에너지를 아끼려다 기계론적 관점에 빠져 있지 않은지 의식적으로 점검하고며 배우고 실천한다면 더욱 큰 효과를 얻을 수 있다.

3. 환경

세 번째는 물리적·신체적 조건이라고 할 수 있는 '환경'이다. 어떤 자세로, 어떤 방식으로 앉아 상대와 어떻게 마주하는지와 같은 비언어적 정보 속에도 상대의 경직된 태도를 강화 또는 완화할 수 있는 열쇠가 숨어 있다.

현실 공간에서는 책상 배열이나 앉는 위치에 따라 소통 방식이 달라진다. 원탁이나 L자형 소파처럼 사람들이 서로 마주보는 '소시오페탈sociopetal 배치'는 교류와 협력에 적합한 공간으로, 자연스럽게 대화와 협동을 촉진한다. 반면 공항 벤치나 도서관의 칸막이 열람석처럼 서로 시선을 마주치지 않고 등을 돌리는 '소시오푸갈sociofugal 배치'는 개인의 프라이버시와 사색에 적합한 환경으로, 교류를 방해하는 디자인이다.

온라인 회의에서도 화면 속 자신의 모습이 어떻게 비치는지가 중요해졌고, 앞으로는 아바타 등 디지털 공간 속 환경 또한 점점 더 중요한 요소가 될 것이다. SNS의 익명성이나 알고리즘 같은 디지털 환경의 다양한 특성 역시 우리의 소통 방식에 영향을 미치며, 특히 기계론적 관점과의 충돌을 야기하기도 한다.

이런 환경에서는 동일한 사람이라도 드러나는 자질이 달라질 수 있다. 예를 들어 공통의 취미나 가치관을 공유하는 사람들끼리는 디지털 공간을 매개로 손쉽게 연결되지만, 그렇지 않은 사람들과는 점점 단절되어 소규모 집단(클러스터)화 현상이 심화된다. 이로 인해 차이를 출발점으로 삼는 자기 이해와 타인 이해의 기회가 줄어들 위험이 커진다. 따라서 마주하는 커뮤니케이션을 다양한 관점에서 점검하는 것은 물론, 애초에 관계를 맺을지 여부나 상대와의 적절한 거리감을 어떻게 설정할지도 의도를 갖고 선택하는 태도가 더욱 중요해지고 있다.

4장에서 '에너지 충전'에 대해 다뤘던 것처럼, 자신의 에너지를 낭비하지 않고, 과도하게 소진·피로해지지 않는 것이 무엇보다 우선시된다. 그런 의미에서 너무 에너지를 빼앗기는 대화나 소통에서 벗어날 수 없다고 판단된다면 대화를 중단하거나 물리적으로 거리를 두는 것도 좋은 방법이 된다.

―――

이처럼 혼자만이 아닌 '우리'의 브레인 매니지먼트를 시작하면, 유연한 관계(최소한 서로 소모하지 않는 평평한 관계)에서 생기 있는 관계(상호 경청·상호 이해를 통한 가치 창조, 예상을 뛰어넘는 차이를 살리는 소통)로 나아가는 역동성을 경험할 수 있을 것이다.

2단계 : 공간 조성과 부드러운 환경 구축하기

다음 단계의 브레인 매니지먼트는 공간 조성과 팀 빌딩에 적용하는 접근법이다.

일대일 인간관계에 비해, 여러 사람이 함께하는 공간이나 온라인 회의, 팀 빌딩 상황에서는 복잡성과 불확실성이 증가해 어떻게 해야 할지 막막할 때가 많다. 예를 들어 다음과 같은 경험이 있지 않은가?

- 특정 사람만 일방적으로 이야기하고 대부분은 듣는 역할만 한다. 무언가 발언하려 해도 심리적 장벽이 느껴진다.
- 아이디어나 의견을 내도 그 자리에서만 끝나 의미가 없다고 느껴진다.
- 더 나은 공간을 만들고 싶지만, 현실적으로 어렵기 때문에 어쩔 수 없다며 포기한다.

하지만 오프라인이든 온라인이든, 같은 시간과 공간을 공유하는 구성원들과 함께라면 브레인 매니지먼트를 통해 공간의 분위기와 관계의 질을 높일 수 있다. 3장에서 언급했듯, 뇌는 본질적으로 '서로 울림을 주고받는' 능력을 갖고 있다. 이 점을 바탕으로 앞으로 소개할 몇 가지 포인트를 참고하면, 각자의 독자성과 창의성을 끌어내고, '그 순간', '그 사람이', '그 시간과 공간을 공유하기 때문에' 만들어지는 고유한 가치를 창조할 수 있다.

'공간=물'의 상태 변화

먼저, 여러 사람이 같은 장소나 공간을 공유할 때의 '공간'을 비유를 통해 설명한다. [그림 5-4]에서는 공간을 '물'의 상태 변화(물리학에서는 '상전이phase transition'라고 부르지만, 여기서는 이해하기 쉽게 이렇게 표현한다)에 빗대고 있다. 이 그림에서 얼음, 물, 끓는 물, 플라스마/결정은 다음과 같이 비유할 수 있다.

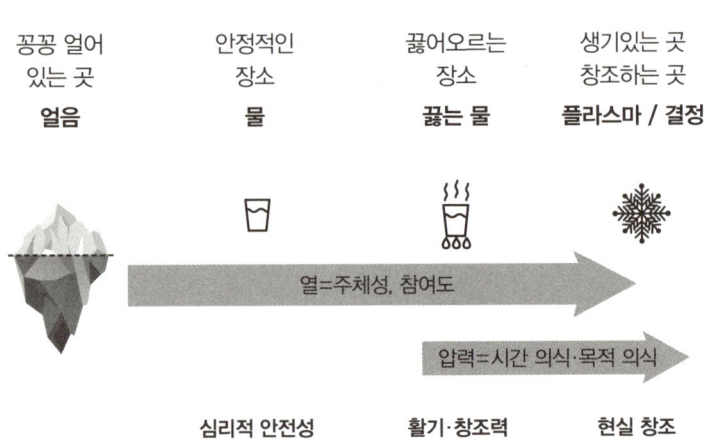

그림 5-4 공간의 상태를 물에 비유하면

얼음

소통이 경직되어 아무도 발언하지 않거나 일부 구성원만 일방적으로 의견을 내고, 자유로운 의견 교환이 이루어지지 않는 상태. '원래 이런 거야'라는 기존의 사고방식이나 관습에 얽매여 새로운 의견이 나오지 않거나, '어쩔 수 없다'는 체념, '의견을 내면 내가 해야 하니까 귀찮다'는 고정관념 등으로 대화가 표면적 수준에 머무른다. '얼어붙은 분위기', 긴장과 불신에서 오는 경직성이 바로 '얼음'과 같은 상태.

물

공간에 있는 구성원들이 대체로 '아이디어나 의견을 내도 괜찮다'는 심리적 안전감이 보장된 상태.

끓는 물

구성원 각자의 주체성이 높아져, 단순히 목소리를 내는 것을 넘어 각자의 아이디어와 의견이 활발하게 교환되고, 계속해서 새로운 발상과 동기부여가 생겨나는 상태.

플라스마/결정화

활발한 소통이 분산에서 수렴으로 이어져, 목적에 맞는 아이디어나 결론에 합의할 수 있는 상태.

[그림 5-4]는 '그 구성원이기 때문에', '그 자리이기 때문에' 만들어지는 고유한 가치를 창출하고, 다음 단계로 나아갈 수 있는 상태를 비유한 것이다. 참고로 물리적으로는 물에 수천, 수만 도의 초고온을 가하면 플라스마 상태가 되지만, 이는 매우 특수해서 실제로는 관찰하기 어렵다. 의도와 우연이 어우러져 아름다운 결정이 만들어지는 이미지를 떠올리는 것이 우리가 지향하는 모습에 더 직관적으로 맞을 것이다.

이처럼 물의 상태 변화에 대한 비유를 활용하면 현재 공간의 상태를 더 잘 이해할 수 있다. 동시에 이를 더 유연하고 생기 있는 공간으로 변화시키기 위해 어떤 방법이 필요한지 파악할 수 있다. 물이 열이나 압력에 따라 상태를 바꾸듯, 공간의 에너지 역시 의식적인 요소들에 의해 변화할 수 있다. 이는 상황에 의미를 부여하고 체계적으로 다루기 위한 '기계론적 관점'을 전략적으로 활용하는 방식이라고 볼 수 있다.

예를 들어 얼음에서 물, 물에서 끓는 물로 변화시키는 데 필요한 '열'은 바로 우리의 주체성이다. 몰입이나 에너지라고도 표현할 수 있는 이 요소는 자신이 그 공간이나 상황에 주체적이고 적극적으로 참여할 때 생겨난다. 그 주체적인 에너지가 바로 공간의 상태를 바꾸는 '열'이 된다.

특히 얼음처럼 경직된 분위기를 풀기 위해서는 '아이스브레이킹'이라고 불리는 긴장을 완화하는 방법도 있다. 브레인 매니지먼트 관점에서 얼음을 물로 변화시키기 위해서는, 판단을 내려놓는 태도를 바탕으로 구성원들의 주체성을 자극하는 것이 핵심이다.

또한 '압력'의 정체는 그 공간이 한 번뿐인 제한된 시간이라는 '시간 의식'과, 매번 명확하게 하는 '목적의식'이 결합된 형태의 '동기부여'라 할 수 있다. 때로는 혼자 있는 상황에서도 자기 언행에서 비판적 시선을 걷어내고, 관점을 전환해 망상활성계를 자극하거나 초점을 바꾸는 질문을 던지는 것만으로도 효과적인 변화가 가능하다. 이는 앞서 언급한 '대인 커뮤니케이션' 기술을 자기 자신에게도 적용하는 방식이라 할 수 있다.

주체성을 끌어내기 ― 체크인/체크아웃

더 나아가 주체성을 디자인하기 위해서는 이미 확립된 여러 가지 방법이 있다. 그중 구조화된 방법의 하나로 '체크인/체크아웃'을 들 수 있다. 그룹 워크나 미팅의 시작과 종료 시, 참가자 각자가 목소리를 내는 방식으로, '참가자 한 사람 한 사람이 그 자리에 관여하고 있다'는 참여 의식과 주인의식을 끌어내는 데 효과적이다.

물을 끓는 물로 변화시키는 데 필요한 '열' 역시 각자의 주체성에 대한 이해와 그것을 서로 끌어내는 디자인이 핵심이다. 막연하고 어떻게 답해야 할지 모를 질문이 아니라 창의성을 끌어내는 질문으로 바꾸는 것도 하나의 방법이다. 이에 대해서는 안자이 유키安斎勇樹·시오세 다카유키塩瀬隆之의 『질문의 디자인問いのデザイン』(국내 미출간)에 자세히 소개되어 있다.

하지만 활발한 교류로 '끓는 물'의 열이 높아지고 자유롭게 의견을 나누었다 해도, 종종 '다양한 이야기를 해서 재미있었다'는 수준에 머무르고 공간이나 팀이 애초에 꾀했던 목적 달성으로 이어지지 못하는 경우가 있다. 이처럼 '끓는 물'에서 플라스마 상태로 변화하려면 열뿐만 아니라 압력도 필요하다.

공간을 조성할 때도 '의도를 담는' 압력이 중요한 역할을 한다. 예를 들어 '지금 아니면 이 기회는 없다!', '마감이 있다!'와 같은 시간 의식, 그리고 '이 자리가 왜 존재하는가?', '지금까지와는 다른 새로운 가치를 만들고 싶다'와 같은 목적의식은 그 명확함과 절실함이 압력이 되어 질적인 변화를 이끈다.

앞서 언급했듯, 플라스마는 눈에 보이지 않기 때문에 얼음 결정 등을 모티브로 이미지를 떠올리는 것이 도움이 된다. 익숙한 이미지를 직관적으로 연결함으로써, 실제 상황에서도 더 효과적으로 적용할 수 있기를 바란다.

목적 설정 — 스토리의 원형

지금부터는 목적 설정과 관련된 브레인 매니지먼트만의 접근법을 소개한다. 때로는 참가자들의 입장이나 인식이 다양해 목적 설정이 쉽지 않을 때가 있다. 이럴 때 추천하는 것이 '스토리의 원형'을 활용한 작업이다.

[그림 5-5]의 '스토리의 원형' 각 항목에 다양한 설정을 해보면, 경직된 뇌를 브레인 매니지먼트로 유연하게 만들 수 있는 소통을 설계할 수 있다. 예를 들어 현재 진행 중인 회의에서 '목적'을 구성원

그림 5-5 스토리의 원형

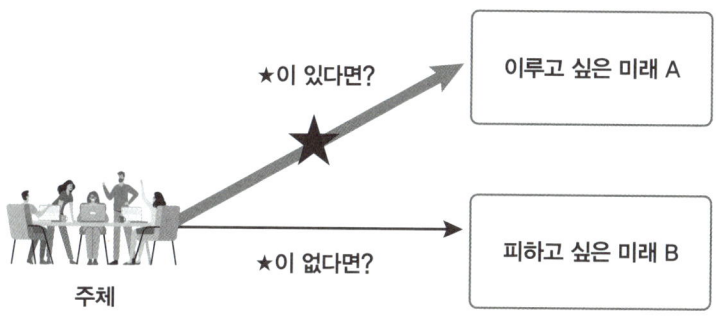

들과 함께 설정해야 할 때, 스토리의 원형을 다음과 같이 활용할 수 있다.

참가자들을 주체로 삼아 신사업 추진이나 정기 회의 등 눈앞의 기회를 '★'에 놓고, '이 자리·기회가 없었다면 어떻게 될까?'라는 질문을 통해 '피하고 싶은 미래=시나리오 B'를 설정한다. 그리고 아래쪽 화살표의 끝에서 대화를 통해 내용을 이끌어내면, 그 내용을 반전시켜 '그 미래를 뛰어넘기 위해', '이루고 싶은 미래=시나리오 A'의 요소가 무엇인지 드러난다. 이 요소들을 정리하면, '이런 미래를 현실로 만들기 위해'라는 목적을 설정할 수 있다.

이 작업은 무의식적으로 기계론적 관점에 빠져 있는 사람에게도 효과가 있다. '○○이 없었다면?'이라는 질문은 '없는 것 찾기'의 연장선이기 때문에 부담이 적고 다루기 쉽다. 따라서 이 작업은 피하고 싶은 미래 B부터 찾아내고, 그다음에 이루고 싶은 미래 A를 탐색하는 순서를 추천한다.

  이번에 소개한 '물의 상태 변화'라는 비유와 '스토리의 원형'을 활용하는 브레인 매니지먼트를 통해 '할 수 있는 일이 있다'고 느낄 수 있는 힌트가 되었으면 한다.

  '목적의 공유'는 주체성 설계, 퍼실리테이션facilitation 기술, 워크숍 디자인, 그리고 팀이나 조직에 확장하는 방법 등 현재진행형으로 더 많은 실천과 연구가 이루어지고 있는 분야다. 전체론적 관점을 살리고, 다른 사람의 한정적인 기계론적 관점을 부드럽게 만드는 브레인 매니지먼트를 활용하면 각자의 '나만의 힘'을 서로 끌어내고 그 구성원이 자신만의 고유한 가치를 창출하는 공간이 조성될 수 있다.

[3단계 : 조직의 가치 창조와 변화 만들기]

  이어서 더 규모가 크고 사회적 위치도 있는 '조직'에 대한 브레인 매니지먼트의 적용을 살펴보자.

  개인과 사회의 가치관이 급속히 변화하는 가운데, 조직 개발이나 조직 변화 분야에서도 '지금까지'와 '앞으로'를 구분해 접근하는 방식이 주류가 되고 있다. 이는 기업뿐 아니라 행정, 교육, 의료 등 다양한 기관과 비영리 조직 등 모든 조직에서 뷰카를 전제로 한 조직관이 요구되고 있음을 보여준다.

하지만 기존의 모든 조직을 파괴하고 새로 만들거나, 원상태로 되돌리는 것은 현실적이지 않다. 실제로 조직마다 규모, 문화, 외부 환경, 구성원 등 다양한 변수가 존재해 '조직'이라는 이름 아래 하나로 묶기 어려운 사정도 있다.

여기서는 조직 개발과 조직 변화에 관한 국내외 최신 연구를 바탕으로, 누구나 가진 장기인 뇌를 주체성을 이끌어내는 도구로 활용하면서, 각 조직만의 독자성과 창의성을 발휘하기 위한 접근법을 살펴본다.

자율형 인재의 과제

앞의 [그림 5-4]에서 소개한 물에 열이나 압력을 가해 상태 변화를 유도하는 이미지는 조직에도 효과적으로 적용할 수 있다.

조직의 규모가 커질수록 구성원 한 사람 한 사람이 자신의 위치를 넘어 주체성이나 주인의식을 갖는 문화를 조성하는 것이 중요한 과제가 된다.

물을 얼음에서 플라스마까지 변화시키는 방향성을 조직 단위로 잡기 위해서는, 주체성이라는 '열'이 사라지지 않고 계속 순환하도록 만드는 장치가 필요하다. 마찬가지로 사회적 조직에서 이 주체성을 순환하게 하는 것은, 사업을 통해 사회에 제공하는 가치를 '사물 중심'에서 '경험 중심'으로 재정의하는 것, 목적의 재설정과 관련된 정책 수립 등이라고 할 수 있다. 또한 전사적으로 정보 공유를 강화하거나, 참여 의식을 높이는 하드웨어와 소프트웨어 양면의 환경 조성 등 다양한 방식도 활용된다.

이 책에서 특히 강조하고 싶은 것은 바로 '자율형 인재'로 불리는 의욕적인 사람을 활용하는 접근법이다.

이들은 단순히 지시를 기다리는 수동적인 존재가 아니다. '누군가를 위해', '조직을 위해', '더 나아지려면 이렇게 해야 하지 않을까'와 같은 생각을 스스로 떠올리며, 주인의식을 나 자신에만 국한하지 않고 주변과 미래로 확장할 줄 아는 사람들이다. 실제로 어느 조직에나 이러한 자율형 인재는 존재한다.

다만 이들은 조직 문화에 따라 조용히 억눌리거나, 무의식 속에 깊이 뿌리내린 기계론적 관점에 부딪혀 지치고 소진되기도 한다. 하지만 타고난 자질은 물론 인생 경험을 통해 후천적으로 길러온 역량 덕분에, 절전 모드에 머무르지 않고 스스로 동기를 부여해 주인의식을 적극적으로 발휘할 수 있는 사람들이다.

이런 자질을 가진 구성원은 조직 내에서 주도적으로 변화를 가속화하는 소중한 존재다. 그럼에도 주변과의 인식 차이가 마찰로 작용해 누구보다 쉽게 소진되는 위치에 내몰리기 쉽다. 그래서 무언가를 적극적으로 제안해도 주변 사람들로부터 "괜히 일을 늘리지 마라"라든지, "그렇게 하고 싶으면 네가 직접 해라"라는 식의 말이 돌아온다. 본인 입장에서는 '왜 나만 이래야 하지'라는 생각이 들 수밖에 없는 상황이 벌어지는 것이다.

이런 인재가 많지는 않지만, 비슷한 자질을 가진 사람들끼리 서로를 알아보고, 때로는 응원하며 지지하는 경우가 많다. 그래서 한 사람이 퇴사하면 다른 자율형 인재들까지 연달아 퇴사하는 상황도 드물지 않다.

열을 끌어내고 확산시키기

브레인 매니지먼트의 관점에서 보면 자신의 인지 특성을 인식하지 못한 채, 즉 메타인지 없이, 앞장서서 넓은 범위에 에너지를 쏟는 사람들이 종종 있다. 겉으로는 마치 빙산 모델의 수면 아래 깊은 부분까지 성찰하고 다루는 것처럼 보일 수 있지만, 실상은 자신의 일에 몰입하는 성향이 강한 사람일 뿐이다. 이들은 주변과 인식의 간극을 만들며, 결국 '왜 나만 이렇게까지 해야 하지?'라는 회의감과 함께 지쳐버리기 쉽다.

이런 함정을 피하기 위해서는 브레인 매니지먼트, 즉 자기 이해, 타인 이해, 그리고 메타인지를 통해 보다 의식적으로 전체론적 관점을 갖추는 것이 중요하다. 그러다 보면 자기 변용의 가능성도 자연스럽게 확장된다.

따라서 이후에 소개할 조직 변혁 프로젝트처럼, 자율형 인재에 속하는 구성원(편의상 '코어 멤버'라 부른다)을 발굴해, 이들을 별도의 팀으로 묶어 기회를 창출하는 것도 좋은 방법이다. 이런 코어 멤버들은 의식적인 전체론적 관점을 바탕으로 독자성과 창의성을 서로 끌어내며, 팀 빌딩 과정을 통해 주변 구성원의 열(주인의식)을 확산시킨다. 이러한 학습과 관점이 동심원처럼 조직 전반에 점진적으로 퍼져 나가면 다음 단계의 구성원들에게도 확산될 것이다.

여기서 중요한 점은 열을 한 번에 무작정 퍼뜨리지 않는 것이다. 조직 전반에 급하게 변화를 시도하기보다는, 먼저 변화의 필요성을 체감하고 있거나 현재에 불편함을 느끼는 구성원, 또는 다음 코어 멤버(핵심 인재)로 성장할 가능성이 있는 이들에게 학습과 협업의 기회를 제공하는 것이 바람직하다. 이를 통해 주인의식과 주체성을 지닌 코어 멤버의 열을 점진적으로 전파하고 그 영향 범위를 넓혀가는 것이다.

다시 말하지만 지금 우리는 과거의 전례만으로는 대응할 수 없는, 변화 속에서 끊임없이 배워야 하는 새로운 접근이 요구되는 시대에 살고 있다.

이럴 때일수록 방법이나 형식을 단순히 따라 하는 데 그치지 않고, 함께하는 사람과 조직의 '뇌의 모드'를 세심하게 살피고 존중하려는 태도가 필요하다. 조직의 브레인 매니지먼트 관점을 간과하면, 일부 코어 멤버만 과도하게 의욕이 높아져 다른 구성원과의 인식 격차가 커지거나, 의욕이 높은 상태만을 긍정적으로 평가하는 왜곡된 분위기가 형성되어 조직 내 시도가 형식적으로 흐를 수 있다.

따라서 조직의 고유한 맥락과 현장의 흐름을 민감하게 읽어내며, '뇌의 모드와 관점을 의식적으로 조율하는 것', '의도를 담은 개입'을 통해 브레인 매니지먼트의 철학을 적극적으로 실천해나갈 것을 권한다.

'퍼포스' 수립 — '지금까지'와 '앞으로'

마지막으로, '앞으로'의 조직을 만들기 위한 중요한 요소인 '퍼포스'에 대해 이야기하고자 한다.

조직의 독자성과 창의성을 한층 높이고, 가치 창출과 변화를 이끌어내기 위해서는 조직이 존재하는 사회적 이유를 명확하게 언어화하고 구성원들과 공유하는 것이 중요하다. 이는 뷰카 시대에 강한 조직으로 성장하기 위한 필수 조건이다.

2장에서 다룬 것처럼 퍼포스는 기업의 존재 이유이자 궁극적인 목적이다. 퍼포스를 중심에 둔 조직은 회복 탄력성이 뛰어나 위기 상황에서도 빠르게 회복하고, 투자 수익률이 높으며 구성원의 동기와 생산성까지 끌어올리는 경향이 있다. 또한 신제품이나 새로운 서비스 개발 등 혁신 역량도 높고, 고객과의 유대감과 충성도 역시 강화되는 등 퍼포스가 가져다주는 긍정적인 효과는 다양한 연구와 사례를 통해 입증되고 있다.

하지만 퍼포스는 본질적으로 빙산 모델의 수면 아래 영역에 해당하는 개념이다. 이 때문에 무의식적인 기계론적 관점에서 접근하면 조직 고유의 개성과 창의성을 이끌어낼 수 있는 실질적인 내용이 담기지 않는 경우가 많다. 또한 퍼포스는 '어떤 미래를 만들고 싶은가'라는 비전과 혼동되기 쉬운 측면도 있다. 예를 들어 '지속 가능한 미래를 위해', '다음 세대를 위해'와 같은 문구가 여러 조직의 퍼포스에서 반복적으로 등장한다. 실제로 조직명을 가리고 나열해보면 내부 구성원이나 외부인 모두 어느 것이 어느 조직의 퍼포스인지 구별하지 못하는 경우가 많다.

사실 퍼포스를 고민할 때 중요한 것은 '앞으로'만이 아니라, '지금까지' 그 조직이 존재하는 이유, 제공했던 가치와 실적, 그리고 역사를 함께 통합하는 것이다. 조직의 과거, 즉 '지금까지'를 하나의 캐릭터로 본다면, 그 캐릭터이기에 도전할 수 있는 과제가 '앞으로'의 방향이 된다. 그리고 이 캐릭터(정체성)와 도전(비전)이 맞물려 만들어내는 스토리에 그 조직만이 지닌 요소가 응축된다. 이처럼 '지금까지', '앞으로', '지금, 현재' 등 다양한 시간의 축에서 조직이 세상에 제공하고자 하는 가치를 '스토리의 원형'을 활용해 정리하면, 지속 가능한 목적 수립의 기반을 탄탄하게 다질 수 있다.

- 만약 이 세상에 우리 조직이 존재하지 않았다면 어떻게 되었을까?
- 우리 조직이 존재함으로써 어떤 차이를 만들어왔는가?
- 더 나아가 앞으로의 세상에 우리 조직이 없다면 어떻게 될까?
- 우리가 존재함으로써 어떻게 다른 미래를 만들어낼 수 있을까?

'세계'나 '사회'라는 표현이 너무 거창하게 느껴져 상상하기 어렵다면, 지역이나 업계 등으로 범위를 좁혀서 생각해봐도 좋다.

조직의 가치 창출과 변화를 위해 '스토리의 원형'을 구성원이나 부서에 적용하면, 조직과의 정렬성과 일관성을 더욱 명확히 인식할 수 있어 에너지를 집중하고 협업하기가 쉬워진다. 예를 들어 기계론

그림 5-6 스토리의 원형

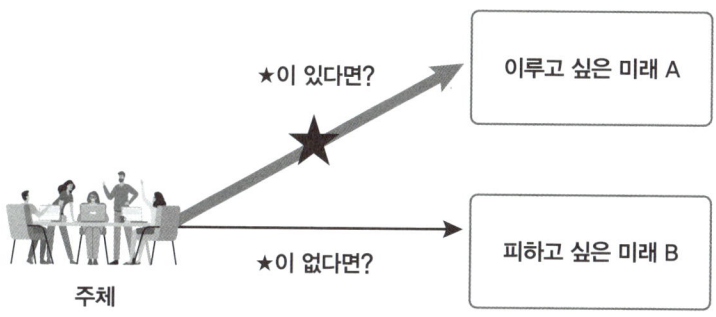

적 관점에서 '내가 있든 없든 달라지는 일은 없다', '나는 대체 가능한 존재다'와 같은 무의식적인 인식이 업무 만족감을 저해하는 경우가 많다. 이러한 인식을 극복하는 방법으로 스토리의 원형을 활용할 수 있다.

  스토리의 원형 도구를 사용해 개인을 ★로, 조직이나 팀을 주체로 설정하고 각자의 스토리를 작성해보는 시간을 가지면, 구성원 개개인의 고유한 특성과 중요성을 언어화할 수 있다. 이러한 활동은 구성원 간 상호 이해를 높이고, 관계의 질을 향상시키는 데 큰 효과가 있다. 또한 브레인 매니지먼트 관점에서 명확하게 공유된 목적은 구성원의 내적 동기를 자극해 절전 모드에서 자가발전 모드로 전환하는 데 도움이 된다.

조직의 가치 창조·변혁의 두 가지 사례

이번 장에서 다룬 내용은 실제 실천을 통해 검증되고 다듬어진 것들이 많다. 그 내용을 뒷받침하는 현장의 사례들도 여기서 함께 다루어보자.

사례1 행정 개혁 : 후쿠시마현 반다이마치의 시도

후쿠시마현 반다이마치磐梯町에서는 '일하는 보람 향상 검토 회의働きがい向上検討会議'라는 행정 조직 개혁 프로젝트가 진행되고 있다. 반다이마치는 도심에서 신칸센과 전철로 약 150분 거리, 반다이산 기슭에 위치한 인구 약 3,400명의 작은 마을이다. 많은 지방자치단체와 마찬가지로 저출산, 고령화, 지역 경제 침체 등 다양한 과제를 안고 있다.

지자체 행정 기관 특성상 조직 구조가 수직적이고, 2~4년 주기로 인사 이동이 이루어지며 다양한 업무를 수행한다. 전례주의가 강하게 남아 있어 새로운 해결책 도입에 마찰이 있고, 과도한 업무량과 맞물려 주민, 직원, 국가 등 다양한 이해관계자와의 조율 속에서 행정 개혁을 추진하는 데 많은 어려움이 있다.

이런 상황 속에서도 반다이마치는 지역의 새로운 가치 창출과 공생 사회를 위한 독자적인 노력을 이어갔다. 2019년에는 전국 최초로 지자체 최고 디지털 책임자CDO를 임명해, 디지털 기술을 활용한 주민 중심의 새로운 행정 경영 모델 구축을 추진하고 있다.

반다이마치에서는 다양한 디지털 전환DX 시도를 하려고 했다. 특히 지자체 직원들이 자기다움을 발휘하며 즐겁게 일하고, 일터에 더 큰 주인의식을 가질 수 있도록 하는 새로운 변화의 시도가 필요했다. 하지만 누군가가 변화를 주도해도 직원들은 잘 따라주지 않거나, 각자 과도한 업무에 쫓겨 협업이 어려운 실정이었다. 따라서 조직을 경직된 상태에서 유연하고 활기찬 상태로 변화시키기 위해, 직원들의 의식부터 변화시키는 것이 시급한 과제였다.

이런 배경에서 시작된 것이 '일하는 보람 향상 검토 회의' 프로젝트다. 행정경영과를 주관 부서로 해 부서를 초월한 열 명의 자율형 인재들을 선발했고 외부 인재로서 내가 브레인 매니지먼트에 대한 지식을 바탕으로 팀 빌딩과 의식 고양 시책에 동행했다. 구체적으로는 '우리의 브레인 매니지먼트'를 종합적으로 활용해, 아래와 같은 세 가지 프로세스를 월 1~2회(기본적으로 온라인) 회의를 통해 6개월에 걸쳐 진행했다.

① 과제의 구조 이해(메타인지)

② 커뮤니케이션 스킬 향상의 기회

③ 구체적인 프로젝트 실행

① 과제의 구조 이해(메타인지)

'변화하고 싶어도 변할 수 없다'는 조직 전체의 인식과 관계가 경직된 이유가 애초에 '누군가의 탓'이라는 인격적 문제가 아니라는 점을 이해했다. 또한 뇌가 원래 가진 특성에 대한 무지로 인해 절전 모드가 우세해진 것일 뿐임을 하나씩 파악하며, 이 관점에서 건설적 논의의 토대를 마련했다.

② 커뮤니케이션 스킬 향상 기회

브레인 매니지먼트 관점에서, 무의식적인 기계론적 관점이 어떤 말버릇으로 나타나는지 공유했다. 반사적인 언어 대신, 의도적인 수용과 제안 기술을 역할극으로 체험하며 학습했다. 특히 온라인 회의에서는 한 사람이 크게 보이는 스피커 뷰 대신 갤러리 뷰를 사용하는 등, 개인의 주체성을 발휘할 수 있는 환경을 하드웨어·소프트웨어 양면에서 조성하는 방법도 함께 실천했다.

③ 구체적 프로젝트 실행

①과 ②를 바탕으로, 구성원들은 업무 환경과 방식에서 느낀 '거북함'을 정리하고, 이를 해결하기 위한 '작지만 실천 가능한 아이디어'를 논의해 미니 프로젝트로 실행했다. 거북함을 단순한 불평으로 흘려보내지 않고, 이를 건설적으로 공유하고 팀 주도로 구체적인 변화를 끌어냈다는 점이 팀 전체에 성공 경험으로 자리 잡았다. 덕분에 팀 전체가 의식적인 전체론적 관점을 갖추게 되었고, 디지털 전환이나 스마트 오피스 맥락에서도 서류 감축과 같은 실질적인 성과가 보이는 프로젝트를 병행해, 코어 팀 외의 다른 구성원들(직원)과도 성공 사례를 공유할 수 있었다. 앞으로는 이 팀을 시작으로 단계

적으로 범위를 확대해나갈 계획이다.

　다양한 사람이 함께 일하는 조직에서, 어떻게 말을 건네야 상대가 생기를 되찾고 움직이게 될지, 어떻게 하면 상대의 에너지를 소모시키지 않으면서도 동기를 높일 수 있을지, 더 나아가 서로의 이해를 어떻게 깊게 만들어갈 수 있을지와 같은 과제를 수행했다. 특히 단순히 외부의 '좋은 방법론'을 받아들이는 데 그치지 않고, 자신의 경험과 감각을 바탕으로 직접 시도하고 시행착오를 겪으며, 배우는 방식도 함께 익혀나갔다.

　경직된 팀이나 집단을 어떻게 하면 더 유연하고 활기차게 만들 수 있을지는 브레인 매니지먼트 기술이 빛을 발하는 영역이다. 심리적 안정감을 조성하고 구성원들의 주체성을 이끌어내며 모두가 몰입하는 공간을 만드는 것, 그리고 프로젝트를 통해 각자의 고유성을 강점으로 전환하고 새로운 가치를 창출하는 것. 우리는 이 두 가지를 목표로 일의 프로세스를 설계하고 있으며 일하는 보람을 높이는 프로젝트를 현재진행형으로 실천하고 있다.

　반다이마치의 사례는 전국적으로 주목받고 있으며, 많은 행정구역에서 과제로 떠오른 '변화에 대한 인식 전환'의 힌트가 되고 있다. 특히 어떤 슬로건 아래 어떤 구체적 프로젝트를 전면에 내세울지 같은 정책 설계와 함께, 브레인 매니지먼트를 활용한 행정 개혁 사례로서 다른 행정구역에도 적용될 수 있을 것으로 기대된다.

사례 2 **기업의 지속 가능성 전환 — 하나큐피트의 시도**

기업의 지속 가능성 전환sx 사례로, 일본의 꽃 배달 네트워크인 '하나큐피트花キューピット'의 사례를 살펴보자.

하나큐피트는 지금으로부터 70여 년 전인 1953년, 아직 택배 서비스가 없던 시절에 전국의 꽃집들이 통신 기술을 이용해 서로 협력함으로써 먼 지역에도 꽃을 보낼 수 있도록 만든 시스템에서 출발했다. 현재는 약 4,000개에 달하는 전국 가맹점이 탄탄한 배송망을 구축해, '꽃이 있는 삶'을 더 가까이에서 실현하며 그 가치를 확장해가고 있다.

하나큐피트의 비즈니스 모델은 인지도가 높은데도 일반 소비자에게는 잘 알려지지 않았다. 또한 가맹점을 총괄하는 일반사단법인 JFTD와 고객의 인터넷 주문을 담당하는 하나큐피트 주식회사가 각각 다른 역할을 수행하면서, 양측의 협업 기회가 충분하지 않다는 점 등 여러 가지가 문제로 지적되어왔다. 그럼에도 불구하고 통신 기술을 기반으로, 고객의 주문을 배송지 근처 가맹점이 직접 전달하는 방식은 운송 거리를 줄일 수 있기 때문에 그만큼 탄소 배출량도 억제된다는 사실이 주목을 받았다.

공학박사이자 산업기술종합연구소의 니시오 마사히로西尾匡弘 박사의 감수를 받아, 이산화탄소 감축량을 산출하는 모델을 개발한 결과, 2023년 4월부터 2024년 3월까지 하나큐피트의 원격 주문 시스템을 통해 약 134톤의 이산화탄소 배출이 줄어든 것으로 나타났다.

이처럼 하나큐피트의 꽃 배달 서비스는 약 4,000개라는 일본 내

최대 가맹점을 보유한 그룹이기에 실현 가능한 '환경 친화적인 서비스'라 할 수 있다. 이에 '하나큐피트 for SDGs(지속가능발전목표)'라는 프로젝트가 출범했다.

이 프로젝트가 시작되면서, 꽃 배달을 담당하는 가맹 꽃집의 경영자와 직원들은 그동안 남의 일처럼 여겼던 SDGs가 자신들과도 관련 있는 일이라고 인식하기 시작했다. 동시에 자신들이 일상적으로 수행하는 하나큐피트 네트워크를 통한 꽃 배달이 가치 있고 매력적인 일이라는 자부심도 생겨났다.

나를 비롯한 우리 회사 팀은 본 프로젝트의 기획 단계부터 프로듀싱과 지원을 맡아, 사단법인과 주식회사 각각의 다양한 구성원으로

그림 5-7 하나큐피트의 원격 거래와 SDGs

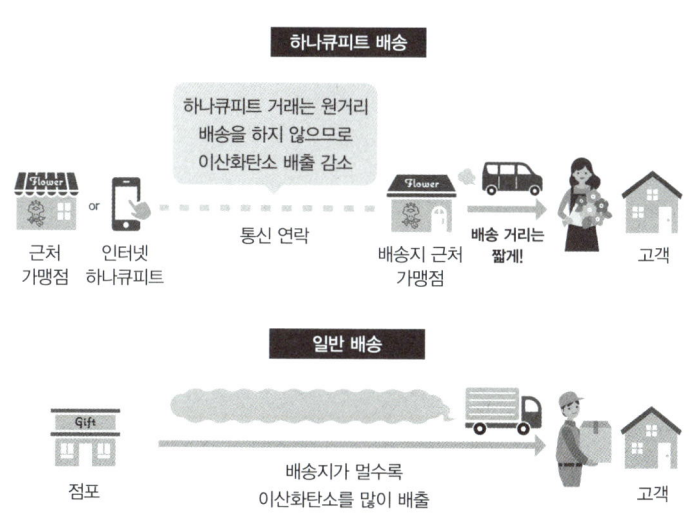

이루어진 SDGs 팀을 꾸리고 함께했다. '지속 가능성'이나 'SDGs'를 표어로 내세워도 브레인 매니지먼트의 관점 없이 접근하면 'O번 목표에 기여하고 있습니다'라는 형식적 메시지에 그치거나, 조직의 실제 활동과 연결되지 않은 채 '지속 가능한 미래를 위해'라는 구호만 반복되는 보여주기식 활동으로 머무는 경우가 많았다.

지속 가능성의 핵심은 '이대로 가면(지속이 불가능해서) 위험하다'라는 위기의식에서 출발한다. 이를 해소하려면 브레인 매니지먼트 관점에서 시스템과 이해관계자, 인식하기 어려운 요소까지도 포괄하는 의식적인 전체론적 관점이 필요하다. 뷰카 시대를 살아남기 위해서도 경직된 조직에서 벗어나, 유연하게 변화에 대응하고 독자성과 창의성을 발휘하는 활기찬 조직으로 전환하는 것이 중요한 과제라 할 수 있다.

이 프로젝트에서는 처음부터 '지속 가능성'이나 SDGs와 같은 주제를 무의식적인 기계론적 관점으로 다루지 않도록 사고방식을 설계하고 온·오프라인 소통에서도 경직된 상태에서 생기 있는 상태로 나아가는 구체적인 방법, 그리고 전체론적 관점의 실천법을 적극적으로 도입해 진행했다.

주체성이라는 '열'은 때로는 식을 수 있다. 눈에 보이는 성과가 바로 나타나지 않아 답답함을 느끼거나, '하나큐피트'의 평소 업무 범위를 넘어서는 주제에 당황하는 직원들도 있었다. 그러나 우리는 이러한 고민과 당황스러움마저도 정답이 없는 뷰카 시대에 필요한 하나의 행동 양식으로 받아들이며, 서로를 격려하고 지지하는 과정을 통해 약 5년에 걸쳐 프로젝트를 꾸준히 이어갈 수 있었다.

프로젝트 과정에서는 이 장에서 소개한 퍼포스 수립도 기업에 대한 이해를 깊게 하는 중요한 과제로 함께 다뤘다.

- 우리는 누구인가?
- 우리는 세상에 무엇을 제공해왔는가?
- 앞으로도 무엇을 제공할 것인가?

특히 인상 깊었던 점은 위와 같은 질문을 다양한 각도에서 던지며, '스토리의 원형'을 비롯한 여러 프레임워크를 적극적으로 활용했다는 것이다.

그 결과 '우리는 꽃을 전달하는 것이 아니라, 감동을 전달한다'는 정체성의 재정의(리프레이밍)가 이루어지는 순간이 찾아왔다. 참여자들은 각자의 방식으로 일의 의미를 새롭게 바라보게 되었고 내적 동기가 살아나면서 모두의 표정이 밝아졌다. 또한 '마음에 닿는'이라는 기존 로고 문구가 사실상 하나큐피트의 퍼포스 그 자체였다는 원점 회귀도 이루어졌다. 오늘날처럼 명확한 정답이 존재하지 않는 시대에는, 독자성과 창의성을 건설적으로 발휘하며 함께 도전하는 접근이 필수적이다. 이 프로젝트에서는 분야를 넘나드는 팀 구성원들이 바로 그 독자성과 창의성의 주체가 되었다.

뷰카에 강한 조직과 사업으로 전환하는 일은 이제 모든 조직이 마주해야 할 과제다. 그런 점에서 하나큐피트의 사례는 단순히 유행하는 키워드에 휘둘리지 않고 본질에 집중하면 '우리가 할 수 있는 일이 분명히 존재한다'는 가능성을 보여주는 하나의 돌파구가 될 수 있다.

브레인 매니지먼트가 개인, 대인, 공간 설계라는 다층적 관점에서 쌓일 때, 그것은 결국 조직의 독자성과 창의성을 높이는 실질적인 가치 창출과 변화로 이어질 수 있다. 이 사례가 그 변화를 구체적으로 상상하고 실천해나가는 데 도움이 되기를 바란다.

[작은 인식의 변화에서 조직의 혁신이 시작된다]

우리 사회는 무의식적인 기계론적 관점에 기반한 토대 위에 존재한다. 뷰카 시대가 도래한 지금도, 기업이든 행정이든 어떤 조직이든 그 근본 구조상 구성원이 절전 모드, 사고 정지, 지시 대기 상태에 있더라도 기능할 수 있도록 설계되었다. 다시 말해 주체성이 결여된 상태에서도 조직은 돌아가도록 만들어진 것이다. 이러한 기반은 문화, 제도, 규범 등 여러 형태로 여전히 작동하고 있으며, 그 속에서 일하는 것만으로도 사람은 쉽게 기계론적 사고에 빠지고, 무의식에 지배당하기 쉬운 환경에 놓이게 된다.

이런 토대 위에서 변화를 시도해도 이미 내재된 기반과의 깊은 간극이 존재한다. 기업이 기업다울 수 있었던 구조, 행정이 행정다울 수 있었던 시스템, 그리고 이를 떠받치는 행동 양식과 사고방식 자체가 변화의 저항선이 되기 때문이다. 이런 근본적 기반을 변화시키기 위해서는 담당자의 강한 추진력, 최고위층의 결단, 외부 요인 등 강한 자극이 요구된다.

하지만 또 다른 변화의 길도 있다. 그것은 바로 개인의 말과 행동, 그리고 이를 떠받치는 '관점', 즉 뇌의 상태를 바꾸는 실천이다. 뇌를 경직된 상태에서 유연하고 생기 있는 상태로, 그리고 무의식적 사고에서 의식적인 전체론적 관점으로 전환하는 일은 예산이나 시간 부담 없이 바로 시작할 수 있다.

이러한 변화는 조직 문화의 혁신, 팀워크와 협업의 촉진, 지속적인 학습과 변화 관리 등 뷰카 시대에 요구되는 핵심 역량과도 맞닿아 있다.

물론 조직의 근본을 바꾸는 일은 결코 쉽지 않지만, 개인의 관점과 인식 변화에서 시작된 작은 움직임이 쌓이고 확산될 때, 결국 조직 전체의 창의성과 혁신성을 키울 수 있다.

무엇보다 이 변화의 기반은 '개인'이다. 당신 자신이 얼마나 깨닫고, 어떻게 행동하며, 독자성과 창의성을 삶에서 어떻게 실현하는지가 모든 변화의 출발점이 된다.

'퍼포스'와 '지속 가능성' 같은 개념이 널리 퍼지고 있는 것처럼, 이제는 '이대로는 안 된다', '앞으로를 위해 변화해야 한다'는 변화의 필요성이 곳곳에서 제기되고 있다. 이런 용어들이 유행처럼 번지는 것도 새로운 시도가 절실히 요구되고 있다는 증거일 것이다.

이런 용어들을 새로운 애플리케이션처럼 받아들이기만 하고, 그 토대가 되는 운영 체제를 '의식적인 전체론적 관점'으로 전환하는 브레인 매니지먼트의 시각이 없다면, 어떤 시도도 결국 형식에 그치고 만다.

개인, 대인, 공간 조성, 조직 등 다양한 영역에서 브레인 매니지먼트를 제대로 활용하려면, 이 기본적인 틀을 이해하고 '할 수 있는 것부터' 시작하는 것이 중요하다.

―――

이제 독자 여러분도 무의식적인 기계론적 관점과 '절전 모드' 상태에서 의식적으로 벗어나는 것이 왜 중요한지, 그리고 4장과 5장에서 다룬 바와 같이 개인에서 조직에 이르기까지 '경직됨에서 생기 있음으로' 나아가는 실천이 왜 필요한지 분명하게 인식하게 되었을 것이다.

앞서 이야기한 '퍼포스', '지속 가능성' 같은 키워드는 물론, 최근 주목받는 다양한 키워드들 역시 브레인 매니지먼트의 관점에서 바라볼 때 어떤 진화가 가능한지, 그 가능성을 어떻게 활용할 수 있을지 넓은 시야로 살펴보기를 바란다. 이미 어떤 키워드에 대해 실천하고 있다면, 그것 자체가 훌륭한 단서가 될 수 있다. 그 실천을 발판 삼아 지금보다 더 성장할 수 있는 일이 있을지도 모른다.

다음 장에서는 '앞으로'를 함께 만들어가기 위해 우리가 무엇을 해야 할지, 미래를 향한 구체적인 전망을 다룬다. 분야와 영역을 넘어, 인간 이해를 바탕으로 지혜와 용기를 나누는 방법, 그리고 브레인 매니지먼트를 활용하는 방법까지 살펴보자.

6장

**브레인 매니지먼트, 뷰카 시대
사회와 미래를 밝히는 횃불**

[**브레인 매니지먼트는
우리 사회의 변화를 위한 열쇠다**]

지금까지 우리는 무의식적으로 작동하는 뇌의 특성을 의식적으로 활용했을 때, 어떤 세계가 펼쳐지는지 살펴보았다.

스스로 뇌의 고삐를 쥔다는 것은 단순히 뇌를 통제하려는 시도가 아니다. 오히려 뇌를 신뢰할 수 있는 동료로 삼고, 상호 이해를 바탕으로 내 편으로 만드는 접근 방식이라고 할 수 있을 것이다.

'내 일만으로도 벅차다'고 느끼는 사람도, '내가 속한 팀이나 조직을 변화시키고 싶다'는 열망을 가진 사람도, 아무것도 할 수 없다는 무력감에서 벗어나 '내가 할 수 있는 일이 있을지도 모른다'는 긍정적인 마음이 조금씩 생겨났기를 바란다. 왜냐하면 바로 그 '할 수 있는 일이 있다'는 감각이야말로 절전 모드의 경직된 뇌가 자가발전 모드로 전환되는 핵심이기 때문이다.

아직 낯선 개념일 수 있는 '브레인 매니지먼트'가 새로운 렌즈가 되어 주변을 다시 바라볼 수 있게 된다면, 우리는 개인 간의 관계나 조직과 사회를 '앞으로의 시대'에 걸맞게 어떻게 업그레이드할 수 있을지에 대한 실마리를 발견하게 될 것이다.

6장에서는 사회의 모든 개혁은 브레인 매니지먼트가 있으면 더 빨라질 수 있다는 '브레인 매니지먼트의 성장 가능성'에 관한 이야기를 해보도록 하자.

지금 존재하는 모든 조직과 시스템은 비뷰카 시대의 세계관을 전제로 만들어졌다는 사실을 무시할 수 없다. 톱다운 방식의 의사결정, 수직적·계층적인 상하관계 등 관리와 통제 구조가 그 근간을 이루고 있다. 이런 현실을 인식하면, 무의식적으로 기계론적 관점을 내면화해온 환경 속에서 변화의 가능성을 찾는 일이 벅차게 느껴질 수도 있다.

하지만 나는 지난 20여 년간 다양한 개념과 실천 사례를 바탕으로 시행착오를 거쳐 확신하게 된 것이 있다. 이 세계와 인간의 뇌를 구조적으로 이해하기 시작하면, 우리는 각자의 '고유함'을 존중하고 끌어낼 수 있는 새로운 사회로의 전환을 근본부터 시작할 수 있다는 점이다. 브레인 매니지먼트는 '앞으로의 사회'를 위한 모든 개혁을 가속화할 수 있는 열쇠를 지니고 있기 때문이다.

여기서 브레인 매니지먼트가 가져다주는 변화 가속의 수많은 열쇠 중, 앞으로 더 가능성을 넓혀가고 싶은 세 가지를 소개하고자 한다.

> 1. 학술적 지식을 실천적 지혜로 연결할 수 있다.
> 2. 서로 다른 영역의 실천 사례나 지식을 확장해 활용할 수 있다.
> 3. 뷰카 환경을 의식적으로 다룰 수 있는 도구를 개발할 수 있다.

이러한 브레인 매니지먼트의 보조선 같은 역할 덕분에, '차이를 강점으로 바꿀 수 있다', '상호 시너지를 내며 협업할 수 있다', '경험과 지식이 공유된다'와 같은, 시대를 이끄는 다양한 시도들이 하나의 큰 흐름으로 가속화할 수 있는 것이다.

조직 변화의 가속화

먼저, 앞서 언급한 세 가지 열쇠가 조직에서 어떤 변화를 가속할 수 있는지 살펴보자.

1. 학술적 지식을 실천적 지혜로 연결할 수 있다

조직의 개혁과 변혁에 반드시 필요한 관점을 제공하며, 다양한 현장에서 인용되는 연구가 있다. 그중 하나가 매사추세츠 공과대학MIT 대니얼 킴Daniel Kim 박사의 '성공의 순환 모델Success Cycle Model'이다. 이 연구에서는 조직이 지속적으로 성장하고 성과를 내기 위해서는 '관계의 질'이 매우 중요하다는 점이 밝혀졌다.

[그림 6-1]의 성공 순환 모델에 따르면 이 순환은 '관계의 질'에서 시작된다. 좋은 관계는 더 나은 사고를 이끌고, 그것이 질 높은 행동으로 이어지며, 궁극적으로 뛰어난 결과를 만들어낸다.

많은 학술적 지식이 현실과 유리된 탁상공론으로 치부되거나, 단순한 캐치프레이즈로만 소비되어 그 본질이 현장에 제대로 전달되지 못하는 경우가 많다. 그러나 이처럼 실천적 지혜로 이어지는 간극을 인식한다면, 학문 역시 인류의 공동 자산으로서 큰 힘을 발휘할 수 있다.

실제로 내가 지켜본 바로는 기업, 행정 기관, NPO, 교육 기관, 의료 기관 등 어떤 조직이든 '관계의 질', 즉 어떤 가치관으로 어떤 행

그림 6-1 **성공 순환 모델**

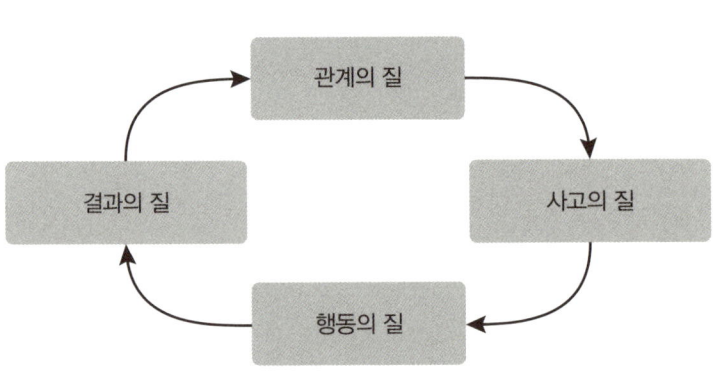

출처: 대니얼 킴

동 양식이 장려되는지와 같은 조직 문화가 모든 퍼포먼스의 질을 바꾸고 있었다.

한편 어떤 조직은 칭찬을 시각화해 장려하는 시스템을 도입하자 칭찬을 받기 위한 경쟁심에 보이지 않는 파벌을 형성하거나 칭찬을 받아야 한다는 압박감이 생기는 등의 문제가 발생했다. 일대일 면담을 도입해도 신뢰라는 눈에 보이지 않는 기반이 약하면 업무 보고 등 자기 개방이 적은 대화로 끝나거나, 누가 면담하느냐에 따라 편차가 커져 시간과 비용을 들여도 조직 전체적으로 효과를 얻지 못하는 경우가 많았다. 이는 관계의 질을 직접적으로 높이려는 시도가 표면적이거나 핵심을 벗어나면 오히려 역효과가 낳을 수 있음을 보여준다. 학계에서 현장으로 전해지는 많은 지식이 유행어처럼 번지며 표면적인 시도만 양산하는 비극도 적지 않다.

아무리 유용한 학술적 지식이라도 무의식적인 기계론적 관점으로 접근하면 본래의 효과를 제대로 얻을 수 없다.

그래서 함께 일하는 멤버들의 사고에 무의식적인 기계론적 관점이 퍼져 있지 않은지 점검하는 것만으로도 정책의 질이나 관계의 질 자체가 달라질 수 있다.

참고로 향상심이 높으면서도 겸손한 말투를 쓰는 경우에도 주의가 필요하다. '저는 아직 멀었습니다' 같은 말을 들으면 그 겸손함을 칭찬하느라 잘 모를 수 있는데, 사실 이런 경우에도 판단적 태도가 작동한다.

뇌는 그 말이 누구를 향한 것인지 구분하지 못한다. 그래서 '나는 아직 멀었다'는 말을 옆에서 들은 동료의 뇌는 자신에게 한 말로 받아들이고, 그 사람은 자기뿐 아니라 모든 것에 대해 잘했는지 못했는지 판단하는 사람이라는 인상을 받게 된다.

절전 모드에서 자가발전 모드로, 주체적으로 에너지를 투입해 변화시킬 수 있으면 단편적이 아니라 포괄적으로, 일방적이 아니라 다각적으로, 일반적이 아니라 구체적으로, 표면적이 아니라 본질적으로, 수동적이 아니라 능동적으로, 조각이 아니라 통합적으로, 국지적이 아니라 전체적으로, 관습적이 아니라 혁신적으로 '사고의 질'을 높일 수 있다.

이처럼 브레인 매니지먼트라는 렌즈로 바라보면, 관계의 질이나 사고의 질처럼 '측정하기 어려운 영역'도 실제 현장에서 어떻게 다뤄야 할지 보이기 시작한다.

'성공의 순환 모델'을 예로 설명해왔지만, 그 외에도 '심리적 안전감'이나 '양손잡이 경영' 등 과학적·학문적으로 증명된 지식을 바탕으로 새로운 미래를 향한 시도와 도전이 확산되는 것은 앞으로도 필연적인 흐름이다.

반면 이런 키워드가 홀로 유행하거나 표면적으로만 이해되어 피상적인 시도로 끝나면, 현장에 피로감이 쌓이는 것을 무시할 수 없다. '역시 변하지 않는다'며 체념하거나, '우리는 바꿀 힘이 없다'며 개인과 조직의 효능감이 약해지는 악순환에서 벗어나, 다른 길을 만들어야 한다.

그럴 때 '과학적'이라는 말만 듣고 정답을 찾으려 하거나 기대고 싶은 충동이 자동으로 일어날 수 있다. 그렇다 하더라도 각 지식을 실천으로 옮기기 위해서는 '브레인 매니지먼트'라는 보조선을 적극적으로 활용하는 것이 중요하다.

2. 서로 다른 영역의 실천 사례와 지식을 통합해 활용한다

이 책에서도 여러 차례 언급한 'SX, 지속 가능성, SDGs에 대한 실천'에 대해서 다시 한번 짚어보자. SDGs는 이제 사회의 상식이 되었지만, 5장에서 언급했듯이 "우리는 SDGs의 ○번 목표를 위해 노력하고 있습니다"라고 홍보하거나 컬러 휠 배지[*]를 착용하고 '지속 가능한 미래를 위해'라는 슬로건을 내거는 기업이 많아졌다. 이런 시도들은 아무것도 하지 않는 것보다는 좋은 '실천'이라고 할 수 있겠지만, '사회', '미래', '지속 가능성'과 같은 추상적이고 먼 용어만 내세워서는 오히려 조직 안팎의 사람들에게 남의 일처럼 느끼게 만들 수 있다. 자원 재활용이나 탈플라스틱 사회를 외치면서도 공급망이나 시스템 전체를 다시 볼 기회를 놓치는 것이 대표적인 예다. 이런 접근은 실질적인 변화 없이, 보여주기에 그치는 'SDGs 워싱 SDGs washing'으로 이어질 위험이 있다.

이처럼 좋은 의도로 시작한 실천이 표면적인 이해와 접근에 그치고, 오히려 원하지 않는 결과를 낳는 현상이 여기저기 넘쳐난다.

---

* SDGs(지속가능발전목표, Sustainable Development Goals)의 17개 목표를 상징하는 17가지 색상의 둥근 배지. 국제기구, 정부, 기업, 시민단체 등에서 임직원이나 관계자들이 옷에 달고 다니며, '우리는 SDGs를 실천하고 있다'는 메시지를 전달하는 용도로 쓰인다.

지속 가능성에 내재된 근본적인 과제는, 과거 비뷰카 사회에서는 비재무 정보를 다루는 노력이 부족했고, 빙산 모델의 수면 아래에 있는 사회적·환경적 요소를 인식하거나 측정할 수 있는 기술이 미흡했다는 점이다. 이로 인해 조직들은 '부분 최적화'나 '임시방편'에 그칠 수밖에 없었고, 결과적으로 공급망의 끝, 다양한 이해관계자, 미래 시나리오, 시스템 전체를 바라보지 못한 채 근시안적 시각에서 벗어나지 못했다. 바로 이 지점에서 무의식적인 기계론적 관점만으로는 장기적 관점, 시스템적 사고, 그리고 사업성과 사회성을 통합하는 창의성을 발휘하기 어렵다. 이 격차야말로 뷰카 시대에 조직이 극복해야 할 최대 과제라 할 수 있다.

지금까지의 SX, 지속 가능성, SDGs에 대한 실천을 돌아보면 의식적인 전체론적 관점으로 접근하는 사례는 드물고, 주목받은 사례를 따라 하는 전례주의가 만연해 있다. 그러나 앞으로의 정책을 배울 대상으로 본다면, 일본만큼 좋은 선례가 많은 나라도 드물다.

실제로 일본은 세계적으로도 오래된 기업이 많은 나라다. 전 세계에 창업 200년이 넘는 기업이 약 5,600개가 있는데, 그중 절반이 넘는 약 3,100개가 일본에 집중되어 있다. 이는 세계적으로도 주목받는 현상이다. 그 배경에는 '산포요시三方よし•', '록포요시六方よし'와 같이

- 산포요시三方よし는 일본 오미近江 상인들의 전통적인 상도商道로, 판매자와 구매자, 사회에 모두 좋은, 즉 '세 방향 모두에게 이익이 되는 거래'를 뜻한다. 록포요시六方よし는 산포요시를 확장한 개념으로, '판매자, 구매자, 사회'에 더해 '지역, 미래, 환경'까지 포함해 여섯 방향에서 이익이 되는 경영을 의미한다.

일본인이 오랜 시간에 걸쳐 길러온 장기적 시각이 자리 잡고 있다. 시대는 바뀌었지만 이 같은 시각은 브레인 매니지먼트의 입장에서 바라보면, 일본인들이 기계론적 관점에만 머무르지 않고 전체론적 관점을 자연스럽게 받아들이는 문화적 장치를 공유하고 있음을 알 수 있다.

그림 6-2 장수 기업의 지속 가능성을 뒷받침하는 5가지 요소

1. 비전/목적 중심주의(이념 우선)
100년 이상의 역사를 지닌 많은 전통 기업들은 사훈이나 사시에 이념을 명시하고 있다. 이러한 이념은 매우 중시되고, 사업은 이념(목적)을 실현하기 위한 수단으로 생각하는, 이념 우선주의적 접근을 한다.

2. 다중 이해관계자 배려(산포요시·록포요시)
고객뿐만 아니라 공급 업체, 함께 일하는 사람들 등 관계자들을 소중히 여기며, 때로는 직원과 가족처럼 연결되는 인재 육성론에 주목한다.

3. 위기를 기회로 전환하는 문제 해결
사업이 오래 지속되는 동시에, 큰 사회 변화, 환경 변화를 겪어온 기업들은 기존 방식이 통하지 않는 위기 상황을 새로운 지혜와 도전으로 극복한 사례가 많다.

4. 환경/사회 의식(주변 지역에 대한 공헌 의식)
'기업이 존재할 수 있는 것은 그 사회/환경이 있기 때문'이라는 인식 아래, 주변에 대한 공헌 의식이 높다는 특징이 있다.

5. 장기적 시야와 계승 Sustainability
'기업을 계승한다'는 의식을 포함해, 장기적 시야에서의 경영을 중시한다. 이를 위해 가훈이나 가헌을 정해두는 장수 기업도 많다.

[그림 6-2]를 보면 '지속 가능성'이라는 간판이 없어도, 사업의 지속 가능성을 뒷받침하는 실제적인 발자취가 있으며, 의식적·전체론적 관점으로 전환해 실질적인 지속 가능성을 구현하는 데 필요한 본질을 많이 배울 수 있다. 브레인 매니지먼트의 시각은 의도를 가지고 '관점'을 선택할 수 있게 해주기 때문에, 구체에서 추상으로, 추상에서 구체로 사고를 확장하는 것도 지원할 수 있다. 이런 관점은 역사나 타 업종 등 다양한 영역에서 배움을 얻는 자세로도 이어진다.

지속 가능성에 대한 통찰은 전혀 다른 각도에서도 얻을 수 있다.

[그림 6-2]에 소개된 장수 기업이 가진 '지속 가능성을 뒷받침하는 5가지 요소'에서도 알 수 있듯이, 비전과 퍼포스는 지속 가능성과 깊은 관련이 있다. 실제로 '사업을 추진할수록 사회에 더 긍정적인 임팩트가 커진다'는 사업성과 사회성의 양립은 소셜 비즈니스 설명에서 자주 등장하는 개념이다.

하지만 어떤 조직이든 자신이 속한 사회와 어떤 관계를 맺고 어떤 영향을 줄 것인지를 고민하는 것은 필수적이다. 그리고 그 사업성과 사회성이라는 두 바퀴가 교차하는 지점에, 바로 '그 조직의 사회적 존재 의의'인 퍼포스가 자리한다.

지속 가능성에 접근하는 데 퍼포스는 선택이 아닌 필수 요소임에도, 이 모든 것을 '자기 일'로 받아들이는 것은 여전히 어려운 일이다. 이럴 때 주체성과 참여를 자연스럽게 이끌어내는 원리를 '엔터테인먼트'에서 배우는 것도 하나의 방법이 될 수 있다.

그 이야기를 하기 전에, 다시 한 번 퍼포스에 관한 현재 상황을 살펴보자. 예를 들어 퍼포스의 정의나 그 측정 방법의 차이, 조사 방법이나 대상 기업 선정 기준의 차이, 혹은 상관관계와 인과관계의 구분이 명확하지 않은 등의 과제가 있다고 해도, 명확한 퍼포스를 중심에 둔 기업은 그렇지 않은 기업에 비해 이익률, 성장률, 변화의 성공률 등이 높다는 조사 결과가 최근 두드러지고 있다. 실제로 어떻게 하면 독자성과 창의성을 발휘하면서, 관련된 사람들의 주체성을 이끌어내며 퍼포스를 설정할 수 있을지에 도전하는 조직이 급증하고 있다.

한편 주체성과 참여도를 중시하는 시책인데도 오히려 반대 효과를 내는 경우도 적지 않다. 예를 들어 5장에서 언급한 것처럼 '지속 가능한 사회를 위해'라는 문구가 들어간 퍼포스를 자주 볼 수 있는데, 이런 특성 없는 퍼포스는 조직명을 가리면 아무도 구분할 수 없는 경우가 대부분이다. 본질을 파악하지 못한 채 유행하는 주제의 퍼포스를 내세워도, '이것이 우리만의 깃발이다!'라는 주인의식을 갖기는 매우 어렵다.

이 문제를 극복하는 데 있어 '엔터테인먼트'와 영화 산업에서 출발한 '쇼트 무비short movie', '브랜디드 무비branded movie'라는 개념이 도움이 될 수 있다. 브랜디드 무비는 2000년대 후반부터 대형 브랜드들이 활용하기 시작한 콘텐츠로, 소비자에게 가치를 제공함과 동시에 기업이나 브랜드의 메시지를 자연스럽게 전달하는 형식이다. 기존 광고가 제품이나 서비스의 직접적인 홍보와 기능, 장점을 강조하는 데 중점을 두는 반면, 브랜디드 무비는 스토리텔링을 통해 브랜드의 가치관과 세계관을 전하고, 감정적 연결과 참여도를 구축하는 데 초점을 맞춘다.

이 브랜디드 무비의 기획·제작 과정에는 조직의 참여도 향상을 위한 다양한 힌트가 숨어 있다. 예를 들어, 퍼포스를 수립하는 과정에 적용할 수 있는 인사이트는 브랜드의 골격이 되는 스토리를 추출하는 방법과도 일맥상통한다.

이름을 가리면 어느 조직의 깃발인지 알 수 없는 퍼포스가 난립하는 문제 역시, 그 과정을 들여다보면 메시지가 '미래'나 '앞으로'라는 시간 축에만 치우쳐 있는 불균형에서 비롯된 것임을 알 수 있다.

스토리의 씨앗을 뽑아내기 위해서는 그 기업이 지금까지 사회에 어떤 가치를 제공해왔는지, 즉 '과거의 궤적'을 바탕으로 기업을 하나의 캐릭터로 바라보는 시각이 필요하다. 이러한 캐릭터(=기업)만의 고유한 도전으로서 앞으로의 사회에 어떤 역할을 하고, 어떤 활동을 펼칠지를 스토리로 구성하는 것이 바로 '퍼포스 스토리'이며, 이는 브랜디드 무비라는 접근 방식에서 실현된다.

무엇보다 중요한 점은 외부 인력이 멋진 말을 밀실에서 만들어내는 것이 아니라, 다양한 이해관계자와 구성원들이 직접 그 과정에 참여하도록 프로세스를 설계하고 이야기를 함께 엮어가는 것이다. 에피소드를 모집하거나 시나리오 모음에 투표하는 등 엄격한 의사결정 절차가 아니라 '자신의 일로 느낄 수 있는 여지와 계기'를 만드는 과정이 충분히 전개되는 데 의미가 있다.

이렇게 탄생한 스토리는 그 조직만의 독특한 이야기로 공유될 수

그림 6-3 퍼포스와 스토리의 관계

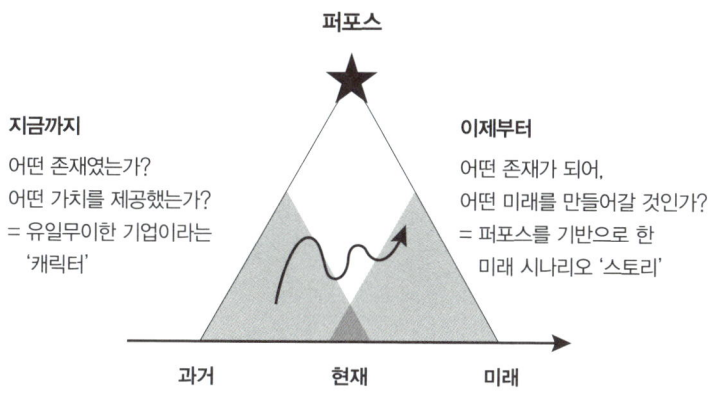

있고, 감동과 함께 적극적인 참여를 끌어낼 수 있다. 이것은 대외적인 '외부 브랜딩'과 내부 구성원을 위한 '내부 브랜딩'을 통합적으로 키울 수 있는 효과적인 방법이다.

우리 회사는 2021년부터 '브랜디드 쇼트branded short'라 불리는 쇼트무비 제작을 시작했으며, 사내외의 몰입도를 높이는 다양한 시책을 제공하는 FROGLOUD라는 크리에이티브 스튜디오와 함께 이 접근법을 꾸준히 탐구했다. 그 결과 마음을 사로잡는 짧은 스토리와 영상을 통해 퍼포스를 표현하는 '쇼트 스토리 포 서스테이너빌리티short story for sustainability'라는 서비스를 개발할 수 있었다.

이 역시 브레인 매니지먼트를 통한 관점 전환과 주체성을 이끌어내는 디자인 이론이 있었기에, 이종 분야 간의 통합이 가능했던 사례라고 자부한다.

여기서 예로 든 사례들은 극히 일부에 불과하며, 내가 실제 탐구 과정에서 발견하고 시행착오를 거치며 얻은 경험에 지나지 않는다. 그러나 브레인 매니지먼트를 통해, 지금까지 측정하기 어렵고 수면 아래에 머물러 있던 다양한 요소들이 인간 이해와 세계 이해라는 차원에서 유기적으로 통합될 수 있다는 점은 분명한 강점이라 할 수 있다.

업종이나 분야를 넘어 서로 배우는 관점을 의식적으로 선택할 수 있다면, 세계와 역사의 곳곳에 흩어져 있는 지혜와 경험이 미래를 함께 만들어가는 현장에서 더욱 효과적으로 통합될 수 있을 것이다.

3. 뷰카 환경을 의식적으로 다룰 수 있는 도구를 개발할 수 있다

반복해서 강조하지만 이 책은 '기계론적 관점이 나쁘기 때문에 벗어나야 한다'는 단순한 주장을 하는 것이 아니다. 때로는 기계론적 관점도 필요하다. 이번 장에서는 한 걸음 더 나아가 '의식적인 기계론적 관점이란 무엇인가?'를 살펴보고, 그것이 왜 패러다임 시프트를 가속화하는 데 도움이 되는지 설명하고자 한다.

본래 뷰카 시대는 어떤 방향성도 단서도 없는 상태에서 암중모색하는 것과 같다. 마치 무중력 상태에서 헤엄치는 듯한 감각 속에서 기존의 위·아래, 좌·우 개념이 무력화되며, 겉보기에 자유로워 보이지만 자칫하면 방향을 잃고 혼란에 빠질 수 있다.

그래서 인류는 의식적으로 뷰카를 다루기 위해 '범주화'나 '프레임워크' 같은 도구를 개발해 복잡성을 줄이고, 패턴 인식과 공통 인식을 가능하게 발전시켜왔다. 이는 다양한 사람들이 힘을 합치기 위한 도구이기도 하다.

예를 들어 앞서 소개한 지속 가능성 주제와 떼려야 뗄 수 없는 것이 'SDGs'다. 이것도 프레임워크로 분석할 수 있으니, 그 특징과 과제를 살펴보자.

'세계'나 '우주'는 인간의 인지 능력을 초월할 만큼 복잡한 시스템으로 작동한다. 그래서 SDGs는 17개의 목표로 범주화하고, 누구나 이해하기 쉬운 아이콘 형태로 시각화했다. 그러나 이 단순화로 인해 몇 가지 중요한 긴장과 모순이 표면 아래로 감춰지게 되었다. 예컨대 경제 성장(목표 8)과 환경 보호(목표 13, 14, 15)의 양립, 혹은 선진국과 신흥국 간의 격차 해소(목표 10)처럼 상충하는 목표 간의 갈등이나 시간적 비대칭성에 대한 실질적인 해결책은 구조 속에 명확히 담겨 있지 않다.

이처럼 뷰카적인 정보를 비뷰카적인 프레임에 억지로 끼워 넣으면서 발생한 부작용은 적지 않다. 아이콘과 이미지에만 인식이 집중되고, 그 이면에 필요한 시스템적 사고의 중요성은 종종 간과된다. 무의식적인 기계론적 관점의 고착을 흔들기 위해서는 쉽게 정답이 보이지 않는 상황을 주체적으로 탐구하면서, 인류의 지혜와 창의성을 총동원해 새로운 길을 개척해야 한다.

또한 SDGs가 목표로 하는 '누구도 소외되지 않는 지속 가능한 미래'를 위해 모든 사회 활동이 그 방향으로 변화하도록 하려면, 모든 지침과 도구를 총동원해야 한다. 이때 다시 활용할 수 있는 것이 프레임워크이며, 이것이 바로 의식적인 기계론적 관점의 활용이다.

예를 들어 우리가 이 세상에 어떤 영향을 미치고 있는지를 인식하기 위해, 단지 아날로그 방식으로 한 줄을 그어보는 것만으로도 복잡한 공급망 구조가 시각적으로 드러날 수 있다. 또한 '누구와 어떤 방식으로 협력할 것인가'를 질문하며 그 과정을 구체화하는 일은, 단순한 실행을 넘어 주체성과 보이지 않는 요소들을 탐색하는 태도를 불러일으킨다.

깊은 인간 이해를 바탕으로 업계의 상식을 바꾼 프레임워크의 사례는 지금도 여전히 많다. 그중 주목할 만한 인물이 의사 아툴 가완디Atul Gawande다. 그는 실수가 용납되지 않는 의료 현장에서 복잡한 상황을 단 하나의 도구인 '체크리스트'로 단순화해 혁신을 일으켰다. 이는 세계보건기구WHO 시험을 거쳐 '수술 안전 체크리스트'로 공표되어 오류를 크게 줄이고 전 세계 의료의 질을 향상시켰다.

이처럼 크고 작고, 새롭고 오래된 다양한 프레임워크와 틀 덕분에 우리는 인지 능력과 절전 모드의 한계를 뛰어넘을 수 있다.

[개인의 변화를 가속화하는 브레인 매니지먼트]

지금 우리가 마주한 시대적 과제는 각각의 연구와 경험, 현장의 사례들이 단편적인 점에 머무르지 않고, 그것들이 선이 되어 연결되고, 나아가 면을 이루며 유기적으로 확장되도록 뒷받침하는 일이다. 시대가 갈수록 더 불확실하고 변동성이 크고, 복잡하고, 모호한 뷰카의 환경으로 전환되는 지금, 우리에게 필요한 것은 각자의 독자성과 창의성이 자연스럽게 발휘될 수 있는 세계로 나아가는 길이다. 이를 위해서는 패러다임 시프트를 가속화할 수 있는 브레인 매니지먼트의 방향성이 그 어느 때보다 중요하다. 이제 최근의 트렌드들을 브레인 매니지먼트 관점에서 해석해보자.

두 가지 마인드셋

개인의 퍼포먼스와 관련해 최근 주목받는 이론 중 하나는 스탠퍼드 대학교 심리학 교수 캐롤 드웩Carol S. Dweck이 제창한 '마인드셋mindset' 이론이다. 이 이론은 사람들이 능력과 지성에 대해 어떤 신념을 갖고 있느냐에 따라 학습과 성장에 미치는 영향의 차이를 설명한다.

드웩 교수는 '성장 마인드셋Growth Mindset'과 '고정 마인드셋Fixed Mindset'이라는 두 가지 용어를 대비해 현대 사회에서 얼마나 성장 마인드셋이 중요한지 설명한다. 성장 마인드셋은 '사람의 능력은 경험과 노력에 따라 충분히 향상될 수 있다'는 믿음이고 고정 마인드셋은 '능력은 타고난 것으로, 아무리 노력해도 변하지 않는다'는 생각이다.

AI, 로보틱스 등 급격한 기술 변화에 적응하거나, 글로벌화나 기

그림 6-4 성장 마인드셋과 고정 마인드셋

	성장 마인드셋	고정 마인드셋
도전	기꺼이 도전함	도전하고 싶지 않음
장애	극복할 때까지 시도함	장애는 어쩔 수 없다고 생각함
노력	노력 없이는 성장할 수 없음	노력은 헛수고
비평	타인의 비평에서 배울 점을 얻음	자신에 대한 비평은 듣고 싶지 않음
타인의 성공	타인의 성공에 자극을 받음	타인의 성공을 위협으로 느낌

후 변화 등 복잡한 과제에 직면할 때, 성장 마인드셋이 가진 창의적 사고와 끈질긴 문제 해결력, 새로운 아이디어를 탐구하는 자세가 필요하다. 실제로 많은 글로벌 기업에서도 '성장 마인드셋'이라는 용어가 자주 쓰이고 있다.

한편 고정 마인드셋보다 성장 마인드셋으로 바뀌는 것이 퍼포먼스에 도움이 된다는 인식은 널리 퍼져 있지만, 실제로 보이지 않는 마인드셋을 어떻게 바꿀 수 있는지, 무엇을 어떻게 해야 하는지 아는 사람은 많지 않다. '마인드셋'은 일반적으로 '사물을 바라보는 시각이나 사고의 틀'로 정의할 수 있지만, 이 정의 자체가 추상적이어서 다양한 해석이 가능하다.

결국 '의식'이나 '마인드셋'의 중요성은 인식하고 있지만, 구체적으로 어떻게 해야 할지 모르는 것이 현실이다. 그래서 이 마인드셋을 브레인 매니지먼트라는 렌즈로 조망해 '가시화'하는 시도가 필요하다.

브레인 매니지먼트 관점에서 보면 고정 마인드셋은 '내가 없어도 누군가가 대신할 수 있다'는 기계론적 세계관이 바탕에 깔려 있고, 절전 모드에서 무의식적인 기계론적 관점이 작동하는 상태다. 반면 성장 마인드셋은 뇌가 유연하게 작동하며, 변화를 당연하게 받아들인다. 그뿐 아니라 눈에 보이지 않는 요소까지 포함해 다양한 자원을 상황에 맞게 활용할 수 있는 자가발전 모드로 전환된 상태라고 볼 수 있다.

하지만 성장 마인드셋으로 전환하는 과정에서는 더 세밀하게 접근할 필요가 있다. 뇌가 절전 모드로 되돌아가려는 힘을 인식하면서 브레인 매니지먼트를 할 수 있다면, 우연에 기대는 변화가 아니라 의도적인 훈련이 가능해지기 때문이다.

'의식적인 전체론적 관점'이라는 표현처럼 마인드셋을 더욱 세분화하고 구체적으로 다루는 것이 가능하다. 운영 체제 전환이라는 관점에서 개인의 브레인 매니지먼트에서 소개한 세 가지 단계 중 '어떤 신념을 갖고 있는지 확인'할 수 있다면, 성장 마인드셋도 더욱 견고해질 것이다.

코칭 열풍과 SEL

대인 지원 분야에서 필수 스킬로 꼽히는 '코칭'을 예로 들어보자. 코칭이란 사람의 자발적인 행동을 촉진하거나 커뮤니케이션, 재능

발휘를 위해 경청, 질문, 인정 등의 기술을 활용하는 일이다. 최근에는 이를 직업으로 삼는 사람도 늘고 있다. 일본 내 조사에 따르면 코칭 시장 규모는 2015년 약 500억 엔에서 2019년 약 3,000억 엔으로 성장했으며, 미국은 일본의 약 50배에 달하는 시장 규모를 가지고 있다. 전 세계적으로도 리더십 개발, 개인 맞춤형 코칭, 팀 코칭, AI 기반 가상 코칭 등 다양한 형태로 시장이 빠르게 성장하고 있다.

코칭은 매니저의 팀 관리에서부터 효과적인 피드백을 통한 부하 직원 육성, 개인의 커리어 개발 등 다양한 목적으로 활용된다. 주로 비즈니스 영역에서 쓰이지만, 어떤 분야든, 어떤 대상이든 다양한 목적에 맞춰 대인 지원 도구로 폭넓게 활용되는 범용성이 높은 접근법이다.

이것을 빙산 모델로 설명하면 수면 위에 드러난 관찰 가능한 행동이나 언어만을 바꾸려는 것이 아니라, 수면 아래에 숨겨진 동기, 신념, 가치관, 감정, 과거 경험 등을 파고들어 작용함으로써, 행동뿐 아니라 결과까지 변화시키는 과정이라고 할 수 있다.

여기서 다른 영역인 '교육'에서의 지식을 이야기해보자.

최근 육아와 교육 분야에서 주목받고 있는 것이 감정지능이라고 하는 EQ Emotional Intelligence'를 기르는 과정, 즉 '사회성 및 정서 학습 Social Emotional Learning(이하 SEL)'이다.

SEL은 사람과 관계를 맺을 때 좋은 관계를 구축하는 능력Social Skill과, EQ로 대표되는 자기와 타인의 감정 변화를 인식하고 잘 다루는 능력Emotional Skill을 키우는 학습·교육 접근법이다.

그림 6-5 코칭·퍼실리테이션·티칭의 차이

접근 방식	초점	목적	활용 장면
코칭	사건에 대해 개인이 무엇을 할 수 있는지 생각하게 함	목표·목적 실현을 위한 사고와 행동 정리	커리어 플랜, 라이프 이벤트, 개인 성장·고민
퍼실리테이션	의견을 나누고 팀으로서 결론을 도출함	팀으로서 목표·목적 달성	팀 빌딩, 프로젝트 관리
티칭	지식과 스킬을 전달함	교육과 지식 습득	학습 및 교육 현장

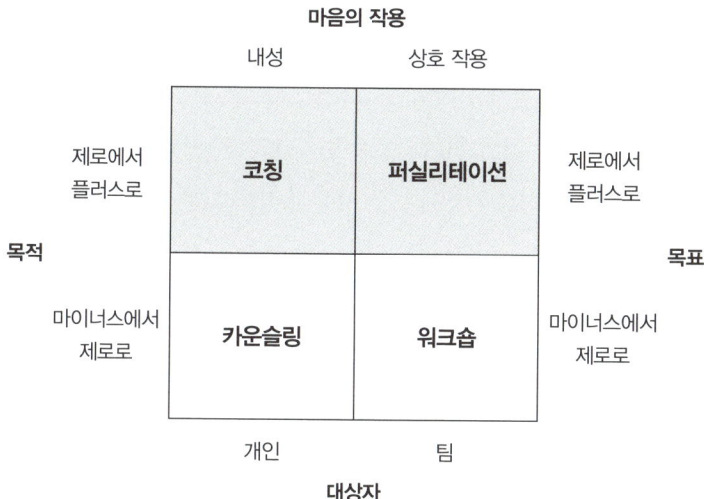

아이와 어른의 EQ를 기르고 실천하는 체계적인 방법론으로, 특히 동기, 흥미, 자신감, 협동, 마음의 움직임 등 비인지 능력을 어떻게 키울 것인가를 주제로 한다. 최근 'AI 시대'에 접어들면서 인간과

AI가 협력하는 상황에서도 EQ가 인간의 강점이 된다는 연구가 늘고 있다(MIT Sloan, 2021).

따라서 앞으로의 교육에서 SEL은 매우 중요하게 여겨지고 있으며, 싱가포르의 국가 정책이나 캐나다 브리티시컬럼비아주 정책 등 여러 지역·국가의 교육에서 중심에 자리 잡고 있을 정도다.

이것은 2장에서 소개한 빙산 모델과도 연결된다. 지금까지의 교육이 빙산의 윗부분, 즉 기존의 인지 능력 IQ 영역에 치중했다면, 앞으로의 교육은 수면 아래에 있는 비인지 능력 EQ을 다루게 된다는 것이다.

따라서 수면 아래 있어서 '인식하기 어렵고, 측정(평가)하기도 힘든' 정성적인 영역, 즉 배려, 학습에 임하는 태도, 인간성 등을 어떻게 길러내고 가시화할 것인가, 그리고 어떤 구체적인 정책이 있는가에 대해 세계 각국의 실천 사례가 SEL이라는 깃발 아래 모이고 있다.

이 빙산 모델의 구조를 바탕으로 코칭과 SEL 각각의 영역을 오가면 흥미로운 통찰을 얻을 수 있다.

예를 들어 수면 아래의 뷰카 영역을 측정·평가하기 위한 방법으로 SEL에서는 루브릭 Rubric 이라는 다항목 상대 평가 시스템이 눈에 띈다. 이를 따라 코칭에서 다루는 수면 아래의 주관적 상황을 비슷하게 가시화하거나, 코칭 전후의 변화를 시각화하는 데 활용할 수도 있을 것이다.

또한 표면적인 명칭이 다르더라도 이를 지나치게 분리해 생각하기보다는, 탐구 학습, 비폭력 대화 NVC, 어서티브 커뮤니케이션 assertive communication˙ 등 수면 아래를 다루려는 다양한 시도 간의 구조적 유사성에 주목할 필요가 있다. 이러한 접근법들은 모두 보편적 핵심 요소의 추출, 개별적 독창성의 발휘 등 공통된 지향점을 가지고 있기 때문이다. 여러 방법론을 단절된 것으로 보지 않고 공통점과 상호 보완성을 인식한다면, 분야 간 가로 협력 cross-disciplinary collaboration 을 훨씬 효과적으로 이루어낼 수 있다.

코치 역할을 하는 사람이든 코칭을 받는 사람이든, 교육의 당사자인 교사, 학생, 보호자 모두가 브레인 매니지먼트의 렌즈를 갖추고, 선입견 없는 태도를 적극적으로 실천해야 할 필요성이 점점 더 부각되고 있다. 겉모습만 흉내 내거나 개별 현장에 적용하려다 실패했던 부분들은 뇌의 절전 모드와 적극적인 자가발전 모드의 차이를 명확히 하는 브레인 매니지먼트를 통해 더 효과적인 해결책을 찾을 수 있을 것이다.

무의식적인 기계론적 관점이나 단정과 판단이 섞인 한마디가 인간의 가능성의 싹을 쉽게 꺾어버릴 수 있다. 반대로 '당신에게도 힘이 있다'고 믿는 시선을 보내면 기존 모습으로는 상상할 수 없을 만큼 재능이 꽃피는 사례도 있다.

나 역시 지금까지 중고등학생 대상 탐구 학습 프로그램을 운영하며 2,000명 이상의 아이들과 만나면서, 여러 번 안타까운 장면을 목

• 어서티브 커뮤니케이션은 상대방을 존중하고 배려하면서도 솔직하게 자신의 의견을 상대에게 전달하는 대화 기법을 말한다.

격했다. 탐구라는 이름 아래서도 교사가 학생들을 조용히 시키고 자리에 앉히는 등 무의식적으로 판단이 섞인 잣대를 휘두르자, 한껏 올라갔던 아이들의 주체성과 호기심이 순식간에 사그라드는 것을 자주 목격했다. 마치 몰입이라는 마법이 순식간에 풀려버리는 듯했다.

이처럼 다양한 분야가 협력할 가치가 있는 이유는 앞으로 더 많은 실천 사례가 축적될 것이기 때문이다. 빙산 모델에서 드러나는 다양한 현상들 역시, 그것을 뒷받침하는 관점을 의식적으로 전환하는 브레인 매니지먼트를 통해 본질을 추출하고 실천에 옮기는 두 축이 함께 작동하게 된다. 아직 보지 못한 새로운 영역이 앞으로 창발될 것을 기대한다.

앞서 여러 차례 언급한 '빙산 모델' 역시 매우 강력한 프레임워크임이 분명하다. 애초에 뇌의 인지 능력만으로는 파악하기 어려운 수면 아래의 요소들을 분류화, 언어화, 구조화, 도식화해서 곧바로 이해할 수 있는 형태로 전환해주기 때문이다.

특히 내면의 성찰과 자기 이해에서 중요한 항목인 '감정'은 다루기 어렵다는 점이 두드러지지만, 이를 가시화할 수 있는 프레임워크도 존재한다.

이런 도구들은 감정이라는 반응이 어디서 비롯됐는지 그 근본적인 욕구를 이해하는 데 적합한 표현 방식으로 다양한 감정을 구조화해준다. 4장에서 소개한 것처럼 개인의 브레인 매니지먼트 탐구 과정에서 감정이 일어난 상황을 깊이 들여다보고, 그 감정이 어떤 근본적인 욕구에서 비롯됐는지를 파악해 이해하고 받아들이는 일은

그림 6-6 감정을 다루는 프레임워크

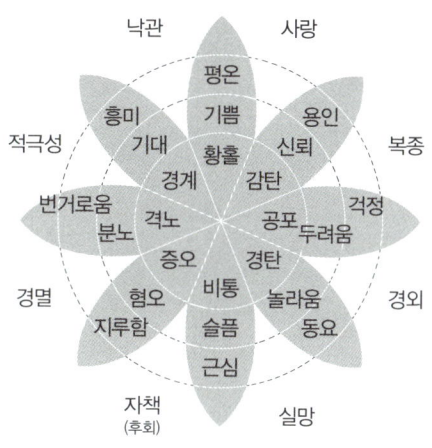

출처 : 로버트 플러칙Robert Plutchik 감정의 수레바퀴

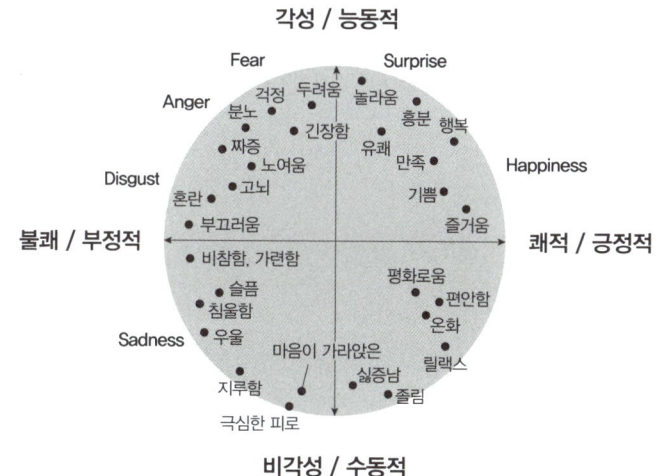

출처 : 러셀Russell의 감정 원환 모델

매우 중요하다.

따라서 이러한 도구들(또는 빙산 모델을 확장한 '멘탈 모델' 등)을 최대한 활용하고, 혼자만이 아니라 다른 사람이나 다른 영역과 지식이나 경험을 공유함으로써 얻는 깊이를 함께 누려보자.

여기서 강조하고 싶은 점은, 이 '브레인 매니지먼트'가 기존의 다양한 실천과 지식을 연결하는 매개체가 될 수 있으며, 그 과정에는 국경도 없다는 점이다.

나는 지금까지 아프리카와 아시아 등 20여 개 신흥국에서 사업 개발 지원을 수행해왔다. 그 첫 프로젝트부터 일관되게 느껴온 것이 있다. 그것은 '내가 그들을 도와야 한다'는 태도와 시선은 오히려 상대의 의존성을 강화하고, 반대로 그들이 할 수 있다는 믿음을 바탕으로 각자의 힘을 모으려 할 때, 진정한 주인의식을 바탕으로 좋은 결과가 나온다는 점이다.

특히 동아프리카의 에티오피아에서 일본 국제협력기구 JICA로부터 위탁받은 한 프로젝트는 브레인 매니지먼트의 보편적인 힘을 확신하게 해주었다. 이 프로젝트는 주변 국가에 비해 창업률과 창업 의식이 낮은 에티오피아에서, 창업 지원 챗봇을 개발하는 것이었다. 창업과 관련된 정보가 흩어져 있으니, 하나의 챗봇에 정보를 모아서 정리하면 정보를 얻는 데 어려움이 없을 것이라는 발상에서 출발했다. 그러나 실제로는 정보 접근성보다 지식 위주의 교육과 기업가 정신을 기를 기회가 부족하다는 점 등으로 인해 창업에 필요한 마인드셋을 갖기 어려운 것이 더 큰 과제였다. 그래서 브레인 매니지먼트 관점에서 한 가지 기능을 고안했는데, 그것이 현지에서 돌파구가 되었다.

그 기능은 챗봇이 단순히 정보를 제공하는 데 그치지 않고, 스스로 질문을 던져 사용자가 자신에 대해 깊이 이해할 수 있도록 돕고, 타깃 설정이나 시장 조사에 대해 능동적인 자가발전 모드로 전환할 수 있게 하는 것이었다. 또한 그 응답을 '비즈니스 린 캔버스Lean Canvas*'와 같은 프레임워크 위에 정리해 메타인지까지 촉진할 수 있도록 설계했다.

프로젝트 기간이 약 10개월로 짧았음에도 챗봇의 사양 기획부터 구현, 단계별 실제 사용자 설문조사 및 반영, 홍보용 쇼트 무비 촬영, 비즈니스 아이디어 콘테스트 주최, 더 나아가 해당 국가의 창업 지원을 담당하는 정부·민간·국제기관을 아우르는 협업 체제(컨소시엄 준비) 구축까지 일관되게 추진할 수 있었다. 이 모든 성과가 가능했던 이유는 챗봇 자체의 사양뿐만 아니라 서로 다른 문화나 분야와의 협업 과정에서도 서로의 뇌 모드를 의식적으로 다루는 '브레인 매니지먼트'를 기반으로 했기 때문이다.

이 프로젝트는 에티오피아 내전과 개발팀이 있던 우크라이나에서 전쟁이 발발하면서 더이상 지속하진 못했다. 하지만 우리의 뇌에 대해 의식적인 접근을 하는 것이 국가, 문화, 입장을 넘어 유용하다는

• 비즈니스 린 캔버스는 스타트업이나 신사업 기획에서 널리 사용하는 비즈니스 모델 설계 도구다. 한 장의 표에 사업 아이디어의 핵심(문제, 고객, 해결책, 경쟁 우위, 지표 등)을 구조화해 정리하는 방식으로, 복잡한 사업 계획서를 쓰지 않아도 빠르게 사업의 본질을 파악하고 공유할 수 있다.

하나의 사례가 되었다. 이 경험은 나 개인이 이 지식을 공유하고자 하는 동기를 부여하는 계기가 되었다.

―――

이러한 새로운 키워드를 활용한 소개는 익숙하지 않은 주제일 수 있지만, 앞으로의 시대를 함께 만들어가는 모든 노력은 흩어져 있던 점들이 선으로, 선이 면으로 통합되어 하나의 큰 흐름을 형성할 것이다. 이것이 바로 브레인 매니지먼트가 '할 수 있는 일이 있다'는 지혜뿐만 아니라, 용기를 북돋아주는 또 하나의 측면이다.

[**뷰카를 다루는 기술은 앞으로의 시대에 필수적인 생존 기술이다**]

다양한 상황에서 브레인 매니지먼트를 활용하면 새로운 시대를 향한 시도들이 점차 유기적으로 연결되고 서로 배우며 통합될 것이다. 이러한 흐름은 더욱 가속화되어, 우리 각자가 고유한 능력을 발휘하고 활기차게 빛날 수 있도록 기여할 것이라고 확신한다.

여기서 언급한 것 외에도, 오늘날 사회 곳곳에서 자주 회자되는 '공동 창조co-creation', '심리적 안전성psychological safety', '신규 사업 개발', '오픈 이노베이션open innovation•', '경계 없는 학습', '다양성과 포용D&I' 등의 키워드는, 브레인 매니지먼트를 접목할 때 훨씬 더 본질적이고 효과적인 시도로 무한히 확장되고 심화될 것이다.

이처럼 확신에 차서 단언할 수 있는 이유는 단지 앞서 소개한 실천 경험 때문만이 아니다. 이런 키워드들은 모두 '눈에 보이지 않는 것', '측정하기 어려운 것', '빙산 모델의 수면 아래 영역'을 다루기 때문이다. 뇌가 에너지를 절약하려는 경향에 휘둘려 '눈에 보이는 것', '측정 가능한 것', '수면 위의 영역'만을 다루는 한계 역시, 브레인 매니지먼트의 렌즈를 통해 극복할 수 있다.

앞으로는 보이지 않는 수면 아래 뷰카의 과제를 다룰 수 있는 사람과 조직을 만들어가는 것이 그 무엇보다 중요하다.

'공동 창조는 훌륭하다', '더 지속 가능한 사회를 만들자', '사업성과 사회성을 연결하자', '앞으로는 다양성이 중요하다'와 같은 구호는 이제 낯설지 않다. 이처럼 누구나 키워드를 내세우며 '좋은 일'을 외치는 현상은 결국 '지금의 사회 구조는 지속 가능하지 않다'는 위기의식의 표현이며, 동시에 지향해야 할 방향성도 이미 그 키워드 속에 담겨 있는 경우가 많다. 이처럼 공통된 인식이 형성됐다면 이제 남은 과제는 하나다. '그렇다면 구체적으로 어떻게 할 것인가?'라는 질문에 답을 제시하는 것이다. 이 실천의 다리를 놓는 역할을 할 수 있는 것이 바로 브레인 매니지먼트다.

여기서 다시 한번 강조하고 싶은 것은 우리가 살아가는 세상은 원

- 기업이나 조직이 내부 자원에만 의존하지 않고, 외부의 지식, 기술, 아이디어, 인재 등 다양한 자원을 적극적으로 받아들여 혁신을 이루고 새로운 가치를 창출하는 전략이나 접근 방식이다.

래 뷰카 환경이라는 점이다. 즉 정답이 정해져 있지 않고 예측할 수 없다. 그렇기에 우열의 문제가 아니라는 인식을 우리의 뇌에 새로운 습관으로 자리 잡게 해야 한다. 기계론적 관점에서 벗어나 '어차피 안 될 거야'라는 사고에서 '이건 할 수 있어', '이렇게 해보자' 등 현재 가진 것을 총동원해 도전하는 자세를 통해 혁신을 일으키는 것이다.

혁신은 소수의 천재가 내놓는 독창적인 아이디어가 아니다. 우리의 뇌가 기계론적 관점에 갇혀 있으면 보이지 않는 것이 무척 많다. 브레인 매니지먼트를 통해 '보이는 것'을 넓이고 제대로 다루며 사물에 대한 시각과 해석을 바꿈으로써 사회에 변화를 가져올 새로운 가치를 창출할 수 있다.

자기 뇌에 고삐를 채우고 제대로 활용함으로써, 우리는 자신의 의지와 행동, 미래뿐 아니라 사회까지도 바꿀 수 있다. 그런 의미에서 브레인 매니지먼트는 뷰카 시대를 살아가는 데 필수적인 생존 기술이라 할 수 있다.

바라건대 이 책을 읽은 독자들이 브레인 매니지먼트를 통해 얻을 수 있는 '뇌를 내 편으로 만들어 독자성과 창의성을 발휘하는 기술'을 손에 넣고, 그 이후에는 서로의 발걸음과 지식, 경험을 더해 앞으로의 시대를 만들어나간다면 더할 나위 없이 기쁠 것이다.

에필로그

1991년 초, 지금으로부터 30년도 더 전의 일이다. 당시 초등학생이었던 나는 야마구치현의 한 시골 마을에서 저녁 식사 시간, TV 화면에 비친 장면들에 큰 충격을 받았다. 폭격당한 도시, 기름으로 뒤덮인 바다, 먼지와 피에 젖은 채 실려 나오는 어린아이들. 걸프전쟁을 전하던 뉴스 화면 속 광경들은, 어린 나에게 너무도 큰 충격이었다. 왜 그런지 설명할 수 없을 만큼 가슴이 찢어졌고, 가족들이 걱정할 정도로 한참을 울었다.

태어나서 처음으로 실시간으로 본 전쟁의 영상. 그중 일부 뉴스에는 정보 조작이 있었음을 나중에 알게 되었지만, 지구 반대편에서 일어나는 일인데도 왠지 남의 일처럼 느껴지지 않았다. 이 부조리한 광경에 대해 '나는 아무것도 할 수 없다'는 무력감과 자책감에 그저 압도당할 뿐이었다.

돌이켜보면 그것이 나만의 특징, '나다운 것' 중 하나였다. 멀리 떨어진 곳에서 일어난 일, 다른 문화 속 사람들의 일, 아직 오지 않은 미래의 일이라고 해서 나와 상관없는 일로 치부할 수는 없었다. '내일'처럼 느끼고 받아들이는 범위가 감당이 되지 않을 만큼 넓었지만 그래도 나는 앞장서서 나서게 되었다.

이런 특성은 때로는 극단적인 정의감이나 지나친 오지랖으로 헛돌게 하고, 주변과의 열정 차이 때문에 외로움을 느끼게 했다. 하지만 '어떻게든 하고 싶다'는 이 충동이 환경 문제나 빈곤 문제 등 개인이 할 수 없는 거대한 과제를 마주하게 만드는 원동력이 되었고, '정답'이나 '해결책'이 있을지도 모른다는 생각에 나는 도쿄 대학교로의 길을 선택했다.

학생 시절, 앞장서기를 좋아하는 성격 덕분에 여러 활동과 경험을 쌓으며 나는 중요한 깨달음을 얻었다. 사실 이 세상에는 애초에 '정답'이라는 것이 없다는 것, 그리고 나 자신이 이미 '문제'라고 부르는 것의 일부라는 것, 그렇기 때문에 내가 변하는 것 자체가 변화의 일부가 될 수 있다는 것, 누구나 변화의 주체인 '체인지 에이전트Change Agent•'가 될 수 있다는 것이었다. 오랫동안 품어왔던 무력감을 넘어 '나도 뭔가 할 수 있을지 모른다'는 희망이 싹튼 경험이었다.

• 조직이나 사회에서 변화를 계획하고 주도하는 사람을 의미한다. 주로 기업이나 조직에서 새로운 문화, 제도, 업무 방식 등 긍정적인 변화를 이끌어내는 역할을 하며, 변화 책임자, 변화 관리자라고도 한다.

그 후 '지속 가능성'이라는 주제를 만나 국내외 체인지 에이전트들이 모이는 서밋을 주최했다. 그때 마주한 '지금까지'와 '앞으로'의 단절을 극복하고 싶다는 마음이 지금의 '브레인 매니지먼트'로 이어졌다.

취업이 아닌 창업의 길을 선택하면서는 주변 사람들로부터 이해받지 못하는 일도 많았고, 나 스스로도 '이게 맞는 걸까?' 하는 불안에 떨기도 했다. 정답이 없는, 그야말로 뷰카 환경 속에서 끝없는 불안에 시달리기도 했다. 때로는 '나다움'이 오히려 독이 되어, 남의 문제를 어떻게든 해결하려다 지쳐 쓰러진 적도 있었다.

하지만 일상의 조각들을 하나하나 다시 쌓아 올리며, 무언가 할 수 있는 일이 있을 거라는 믿음으로 수많은 시행착오를 겪어나갔다. 그 끝에서 누구나 지닌 '뇌'라는 장기를 매개로 차이를 힘으로 전환하는 '브레인 매니지먼트'라는 접근법을 개발하게 되었다. 나 자신의 진정성, '나다움'의 독자성과 창의성이 구현된 하나의 형태라고 할 수 있다.

이 '브레인 매니지먼트' 덕분에 굳어 있던 사람이나 조직에 다시 생기를 불어넣을 수 있었고, 아프리카처럼 먼 곳에서도 새로운 순환을 만들어낼 수 있었다. '앞으로'를 함께 만들어갈 동료를 만날 수 있었고, '내 인생을 이대로 두고 싶지 않다'는 사람들에게 전할 수 있는 무언가가 생겼다. 그리고 매일매일, 인간 본연의 힘을 서로 발휘하며 그 기쁨을 나누는 삶을 살게 되었다.

그렇지만 나 역시 이 책을 쓰는 동안에도 여러 번 '뇌의 습관', '기계론적 관점'에 사로잡혔음을 고백한다.

'이런 글을 쓰는 게 의미가 있을까?'
'이렇게 써서 정말 잘 전달될까?'
'내가 이런 이야기를 할 자격이 있을까?'

이런 의문들은 '브레인 매니지먼트'를 누구보다 깊이 탐구해온 나 조차도 글을 쓰는 과정에서 끊임없이 마주한 질문들이었다. 이는 뇌의 습관이 얼마나 강력한지 다시금 깨닫게 해주었다. 사실 이 에필로그 원고조차도 오랫동안 쓰지 못하고 미뤄둔 날들이 이어졌다. 결국 내가 직접 제안한 접근법의 원고를 다시 읽고, 하나하나 실천해 보고 나서야 이 글을 쓸 수 있었다.

이 과정을 통해 '이 책을 통해 힘을 얻는 사람이 분명 있을 것이다'라는 믿음을 다시 한번 갖게 되었다.

―――

이 책에서 우리는 '과거'와 '미래', 뷰카와 비뷰카 사이의 틈에서 살아가는 우리의 어려움을 반복해서 이야기했다. 그러나 이제 나는 확신을 가지고 말할 수 있다.

"이 시대를 살아가는 우리이기에, 함께 할 수 있는 일이 분명히 있다. 지금까지의 역사와 앞으로의 미래를 제대로 연결할 수 있다. 분단을 넘어 새로운 공명을 만들어낼 수 있다. 서로의 '나다운 힘'을 발휘하고, 뇌를 내 편으로 만드는 방법을 함께 나눌 수 있다. 그렇게 우리만의 힘을 발휘해, 다음 세대의 새로운 '당연함'으로 남길 수 있다."

'지금'이라는 이 시대에 함께 살아가는 우리이기에, 이 소중한 도전에 함께 임할 수 있는 때를 맞이하고 있다.

그 협업의 이정표로서 '브레인 매니지먼트'를 활용해 나가고자 한다. 이 마음은 '라토르슈'라는 사명에도 고스란히 담겨 있다. 프랑스어로 '햇불'을 뜻하는 이 말에는, 앞이 보이지 않는 어둠을 밝히는 등불로서, 시간과 공간을 넘어 서로 이어지고 확산되는 바통으로서, 그리고 무엇보다 우리를 움직이게 하는 본연의 힘 authentic power 으로서 '햇불이 되자'는 바람이 담겨 있다.

이 책 역시 그런 '햇불'이 되었으면 한다. 지금 이 순간에도 이어지는 모든 생명, 그리고 이 책을 손에 든 당신에게 용기와 희망의 지혜가 되는 '햇불'이 될 수 있다면 더할 나위 없는 기쁨일 것이다.

당신이 매일 느끼는 가슴이 벅차오르는 순간도, 설명할 수 없는 이질감에 휩싸이는 날도, 도무지 힘이 나지 않는 그런 날조차도, 모두 '당신만의 힘'이 깨어나려는 신호다. 때로는 외면하고 싶은 감정이나 순간조차도, 그 자체로 당신만의 시선과 독특한 감성, 그리고 소중한 강점이 담긴 귀중한 자산이다. 그것은 절대 방해물이나 극복해야 할 장애물이 아니다.

각자가 지닌 '나다운 빛'이 서로를 비추고 울림을 주며 함께 성장하게 한다. 이러한 화학 반응은 교실과 직장, 가정과 지역, 그리고 사회 곳곳에서 계속해서 피어날 것이다. 이 책과의 만남이 그런 새로운 이야기의 시작이 되기를 바란다.

 마지막으로, 내가 오늘 이렇게 횃불을 들 수 있도록 만들어준 모든 만남과 경험에 깊이 감사한다. 그리고 언제나 어떤 모습의 나라도 받아주고 지지해주는 가족과 동료들에게도 진심으로 고마움을 전한다.

아키마 사나에

참고문헌

국내 출간

로버트 케건, 리사 라스코우 라헤이, 『변화면역』, 정혜, 2020.

마셜 로젠버그, 『비폭력대화』, 한국NVC센터.

마이클 헬러, 제임스 살츠먼, 『마인』, 흐름출판, 2022.

매튜 사이드, 『다이버시티 파워』, 위즈덤하우스, 2022.

사도시마 요헤이, 『관찰력 기르는 법』, 유유, 2023.

스티븐 R. 코비, 『성공하는 사람들의 7가지 습관』, 김영사. 2023.

스튜어트 리치, 『사이언스 픽션』, 더난출판사, 2022.

아툴 가완디, 『체크! 체크리스트』, 21세기북스, 2010.

오바라 가즈히로, 『프로세스 이코노미』, 인플루엔셜, 2022.

이선 크로스, 『채터, 당신 안의 훼방꾼』, 김영사, 2021.

제임스 네스터, 『호흡의 기술』, 북트리거, 2021.

제프 호킨스, 『천 개의 뇌』, 이데아, 2022.

저드슨 브루어, 『크레이빙 마인드』, 어크로스, 2018.

줄리아 캐머런, 『아티스트 웨이』, 경당, 2012.

카를로 로벨리, 『보이는 세상은 실재가 아니다』, 쌤앤파커스, 2018.

카를로 로벨리, 『시간은 존재하지 않는다』, 쌤앤파커스, 2020.

켈리 맥고니걸, 『스트레스의 힘』, 21세기북스, 2020.

타샤 유리크, 『자기통찰』, 저스트북스, 2018.

피터 M. 셍게, 『학습하는 조직』, 에이지21. 2014.

피터 엘보, 『글쓰기를 배우지 않기』, 페르아미카실렌티아루네, 2024.

국내 미출간

대니얼 골먼, 피터 센게, 『The Triple Focus: A New Approach to Education』, More Than Sound, 2014.

라이언 미닉, 『The Power of Character Strengths: Appreciate and Ignite Your Positive Personality』, Via Institute on Character, 2019.

마쓰다 유마, 『人工知能の哲学』, 東海大学出版会, 2017.

마쓰무라 아리, 『うまくいかない人間関係逆転の法則』, すばる舎, 2024.

사소 구니타케, 『直感と論理をつなぐ思考法』, ダイヤモンド社, 2019.

사이토 도오루, 『だから僕たちは、組織を変えていける』, クロスメディア・パブリッシング, 2021.

시모무카이 에리, 『世界標準のSEL教育のすすめ』, 小学館, 2024.

아오토 미즈히토, 『HAPPY STRESS』, SBクリエイティブ, 2021.

안자이 유키, 시오세 타카유키, 『問いのデザイン』, 学芸出版社, 2020.

야마기와 주이치, 『共感革命』, 河出書房新社, 2023.

요시사 미카코, 텐가이 시로, 『ザ・メンタルモデル』, 内外出版社, 2019.

요한 노르베리, 『Open: The Story of Human Progress』, Atlantic Books, 2020.

이영준, 호리타 하지메, 『チームが自然に生まれ変わる』, ダイヤモンド社, 2021.

존 코터, 『Change: How Organizations Achieve Hard-to-Imagine Results』, John Wiley & Sons, 2021.

쳇 리처즈, 『Certain to Win』, Xlibris, Corp., 2004.

카린 옌센, 『The Power of Expectation』, 日経BP, 2023.

킴 캐머런, 『Positive Leadership』, Berrett-Koehler Publishers, 2023.

타샤 유리크, 『Self-Awareness (HBR Emotional Intelligence Series)』, Harvard Business Review Press, 2018.

톰 닉슨, 『The Inner Path of Knowledge Creation』, Practical Inspiration Publishing, 2021.

피터 센게 외, 『Presence: Human Purpose and the Field of the Future』, SoL, 2004.

브레인
매니지먼트

1판 1쇄 인쇄 2025년 8월 22일
1판 1쇄 발행 2025년 9월 1일

지은이 아키마 사나에
옮긴이 오시연

발행인 양원석 **편집장** 권오준
디자인 신자용, 김미선 **영업마케팅** 조아라, 박소정, 김유진, 원하경
해외저작권 임이안

펴낸 곳 ㈜알에이치코리아
주소 서울시 금천구 가산디지털2로 53, 20층 (가산동, 한라시그마밸리)
편집문의 02-6443-8830   **도서문의** 02-6443-8800
홈페이지 http://rhk.co.kr
등록 2004년 1월 15일 제2-3726호

ISBN 978-89-255-7325-0 (03190)

※ 이 책은 ㈜알에이치코리아가 저작권자와의 계약에 따라 발행한 것이므로
  본사의 서면 허락 없이는 어떠한 형태나 수단으로도 이 책의 내용을 이용하지 못합니다.
※ 잘못된 책은 구입하신 서점에서 바꾸어 드립니다.
※ 책값은 뒤표지에 있습니다.